1行バカ売れ

川上徹也

角川新書

はじめに

たった1行の言葉で想像以上の結果が……

書店でこの本を手に取ってくれたあなた。

ありがとうございます。

ちょっとだけ想像してみてください。


もし、あなたが本屋で働く書店員だったとします。

20年前に出版された本を読んで、心から感動しました。この本をもっと多くの人たちに読んでほしいと思った。でもこのままでは売れそうにない。

あなたなら、どうするでしょう？

もしあなたが高級デパートで働いているとします。

普通の倍以上の値段の缶詰を仕入れたけれど、全然売れない。早く売りさばかないと賞味期限が来てしまう。でも安売りすると店のイメージが壊れてしまうのでできない。

あなたなら、どうするでしょう？

どちらも実際にあった事例です。

いずれの主人公も、自分がＰＯＰに書いた「言葉のチカラ」でその問題を見事に解決しました。

もちろん「言葉のチカラ」が発揮されるのは、ＰＯＰだけではありません。

・まったく無名だった少女が、ネットの写真に添えられた1行の言葉でテレビCMのオファーが殺到した。

・老舗食品メーカーが苦戦していた自社商品の最大の欠点を1行にして訴求したら、同じ商品なのに再び売れてシェアを取り戻した。

・人身死亡事故に悩んでいた鉄道会社が、バカバカしいタイトルの動画を YouTube に流したら死亡事故が急減した。
・テレビ通販でMCが、あるターゲットにむけて商品の新しい使い方を付け加えただけで、その商品の売上げが急増した。
・日本でポピュラーな食品を、アメリカで直訳した名前で売ったらまったく売れなかったのに、商品名を変えたら人気商品になった。
・あるお菓子メーカーが、プロスポーツの大きな試合中にツイッターで発した1行が何億円もの効果を生み出した。
・準備に準備をかさねたCMのキャッチコピーが急遽《きゅうきょ》使えなくなり、担当者がとっさに考えた1行に差し替えたら大ヒット。1年分の在庫が1週間で売り切れた。
・それまであまり価値がないと思われていた魚に、新しい名前をつけて売ったら連日大行列ができる超繁盛店になった。
・知事がとっさに語った機転のきいた1行のフレーズが、のちにその県に莫大な経済効果をもたらした。
・ツイッターで女子学生がつぶやいたひと言で、無名ブランドの下着が話題になって飛ぶように売れた。

このように、たった1行の言葉で、それまでさほど売れなかった物が、爆発的に売れていくことは実際にあるのです（いずれの事例も本書の中で紹介しています）。

もし、あなたが、そんな1行を書くことができたら？

人生が変わると思いませんか？

「人」と「お金」を集める最大の武器

「1行のチカラ」が発揮されるのは、販売の現場だけではありません。

あなたも、きっと感じているでしょう。さまざまなビジネスの現場で「1行のチカラ」がますます重要になってきていることを。

ビジネスは、あなたが働きかける社内外の相手が、本気になって動いてくれるかどうかで決まります。働きかける時、人は言葉を使います。その言葉で、相手の心に火をつけて本気にすることができれば、多くの仕事は前に進むのです。

ネット社会になり情報が飛躍的に増加した現在では、最初の1行で人をひきつけることができなければ、なかなか中身まで読んではもらえません。まずはタイトル、商品名、見出し、キャッチコピーなど短く的確な1行で、相手の心をつかむ必要があります。そうすることで初めて、相手を本気にさせて行動に向かわせることができるのです。

これは書き言葉に限りません。話し言葉でも同じです。プレゼンは印象に残るフレーズがあるかどうかが採用の決め手になります。会議でも、だらだら説明するよりも、ひと言でバシッと心に残る言葉を発することができる人の方が評価されます。

リーダーシップも同様です。部下に長いお説教しても誰も聞いてくれません。短く的確な1行で指導できてこそ、人はついてきます。経営者であればなおさらです。業績をあげているトップは、1行の短い言葉で語ることが得意な人が多いからです。

会社やお店も、ひと言でその特徴を言えなければ、これからは生き残っていくことが難しくなっていくでしょう。個人にしてもそうです。独立して自分の名前で勝負していく人は当然として、会社員であってもそうなっていきます。

本書では、相手の心に火をつける1行を書いたり話したりできる能力のことを、「キャッチコピー力」と呼ぶことにします。キャッチコピー力は、コピーライターの専売特許ではなく、むしろ普通のビジネスパーソンにこそ必要な能力です。

キャッチコピー力があれば、商品を売ることもできるし、企画を通すこともできるからです。

「人」と「お金」を集める最大の武器が「キャッチコピー力」なのです。

キャッチコピー力を身につけることができれば、あなたの人生が変わります。

「物語」と「言葉」はクルマの両輪

２０１４年5月、本書と同じ新書レーベルから『物を売るバカ～売れない時代の新しい商品の売り方』という本を出しました。

物があふれる現在の日本では、バカ正直に「商品」だけを売ろうとしてもなかなかうまくいかない。商品や商品に関わった人にまつわる「物語」を売ることで、付加価値をつけていこうという内容です。

そして、この「物語で売る」ときに、重要なのが「キャッチコピー力」なのです。

せっかくいい「物語」を発見できても、それに見合う「言葉」が発見できないと、残念な結果に終わってしまうことがあります。

売れない時代の新しい販売方法においては、「物語」と「キャッチコピー力」はクルマの両輪のように大切な存在なのです。

たとえば『物を売るバカ』であげた事例で説明してみましょう。

生鮮食品のECサイト Oisix（オイシックス）の創業初期の頃のヒット商品に「ピーチかぶ」があります。

これは当時のオイシックスの新人女性バイヤーが発掘したものです。農家を訪ねて、「はくれい」という品種のカブを食べさせてもらった時に、あまりの甘さから「まるで桃みたい」とつぶやいたことに由来します。サイトでは、実際にあったバイヤーと農家の方の物語をのせたことでヒット商品になりました。

ただもし、この商品が「ピーチかぶ」という名前ではなく、「カブ（はくれい）」のままだったら売れ行きはどうだったでしょう？　いくら物語にひかれても、大ヒットにはつながらなかったのではないでしょうか？

「ピーチかぶ」という商品名を生み出した「キャッチコピー力」があったからこそ大ヒット商品になったのです。

木村秋則《きむらあきのり》さんの「奇跡のリンゴ」もそうです。これがもし、「無肥料無農薬リンゴ」だったらどうでしょう？　そんなに欲しいとは思わないのではないでしょうか？

「物語」で「商品」を売ろうとする時は「キャッチコピー力」が、とても重要な要素になってくるのです。

必ず売れる「魔法の1行」とは？

ではどうすれば、必ず売れる1行を書くことができるのでしょう？

タイトルにひかれて本を取ってくれたあなたは、こんなシーンを思い浮かべているかもしれませんね。

自分が売りたい商品やサービスや企画に、本に書かれた通りの1行の言葉を書き加えるだけで、それがどんどんバカ売れしていく……。

ゴメンナサイ。

この本には、

「この1行を書けば必ずバカ売れする」

そんな魔法の1行を書くテクニックは載っていません。

もしそんなテクニックがあったら、コピーライターである私が教えてほしいくらいです。考えたら当たり前ですよね。そんな魔法の1行があるなら日本中の店は売れまくって景気ももっとよくなっているはずです。

そんな期待をしてこの本を読み進めようとしているのなら、残念ながらご期待にそえません。この先は読まないほうがいいかもしれません。

商品やサービスが「バカ売れ」するには、いろいろな要素がからみあっています。

まずは商品力や価格が大切なことは言うまでもありません。

デザインやタイミングによっても売れ行きは大きく変わります。

たとえばPOPであっても、書かれているコピーだけで決まるわけではありません。

店や店員の販売力。お店とお客さんとの関係も重要です。

通販であればどんな媒体で使う言葉かも大切な要素です。

絶対に売れると思われていた商品がまったく売れないこともよくあります。

「売れる」という現象は、1行の言葉だけで決まるわけではないのです。

売るための法則や型を知る

「この1行を書けば必ずバカ売れする」という魔法のテクニックはありません。

しかしこういうキャッチコピーを書けば、売れる確率は格段にあがるという法則や型はあります。

「売れる言葉の法則」は、1世紀近く前から現在にいたるまで、アメリカのコピーライターやマーケッターたちによって、となえられています。

ジョン・ケープルズ、デイヴィッド・オグルヴィ、クロード・C・ホプキンス、レスター・ワンダーマン、ジョセフ・シュガーマン、ダン・S・ケネディなどなど。

日本でも、多くの優秀なマーケッターやコピーライターによって「こうすれば売れるコピーが書ける」という本はたくさん出版されています。どの本も読んできっちり実践すれば素晴らしい成果が出ることでしょう。

あなたも1冊くらいはすでに読んだことがあるかもしれませんね。ひょっとしたら中にはほとんど読んでいるという猛者もいらっしゃるかもしれません（私は職業柄、ほとんどの本に目を通しています)。

そんな読書家のあなたはきっと気づいているでしょう。実は書いてある内容はどの本を読んでもほとんど違わないということを。アメリカの古典的なものから最近日本で出版されたものまで、もちろん細かな具体的表現はすべて違いますが、極言すると本質的にはほとんど一緒の内容です。

それは、新しい本の著者が過去の本を参考にしているというだけではありません。「人間」というものが、どんな時代になっても変わらない普遍的な本能や欲求を持っているからなのです。だからこそ、その本能や欲求を刺激する1行を書くことができれば、売れる確率は高まります。

そして「売るための法則」を知っていれば、対象が「商品」そのものでなく、「アイデア」でも「企画」でも「情報」でも「社会貢献」でも「企業・団体」でも、さらに「あなた自身」でも、きちんと売ることができるようになるのです。

手軽に読めて、一生役立つ

本書は、今まで数多く書かれてきた「売るためのコピーライティング」の本を整理分析しなおして、古今の国内外におけるさまざまな事例とからめつつ、新しくわかりやすく手軽に読めるように、オリジナルの言葉や分類で法則化したものです。

すでにたくさんの同じテーマの本があるにもかかわらず、なぜまたこのような本を書くのでしょうか？

それは、既存の本よりも、もっとわかりやすく楽しく気軽に読める本が必要だと思ったからです。

単に販売にかかわる人だけでなく、「言葉のチカラ」で仕事や人生を変えたいすべての人が気軽に買って読める本。

また多くの本が混同して論じている「何を言うか（＝ What to say）」と「どう言うか（＝ How to say）」の違いを明確にした上で、法則もざっくり知れて、いろいろな事例も知ることができる。数時間の移動の間に軽く読めるけど、一生役立つ本。そんな本が求められていると思ったからです。

特に事例は、実際に「商品」「サービス」「企画」「会社」などが、「ネーミング」「タイトル」「キャッチフレーズ」など、「1行の言葉」の効果でバカ売れしたり広まったりしたケースを幅広く紹介しています。古く有名なものから新しいものまで、国内のものから海外の事例まで徹底的に調べました。

もちろん、実際は厳密に1行の言葉でない事例も数多くあります。1行というのは「比較的短い」という意味だと考えてください。

古い事例は、あなたはすでに知っているものかもしれません。でも改めてなぜバカ売れしたかを考えることで、いろいろなヒントが見えてくるでしょう。もちろん、最新の事例やどこにも紹介されていないようなニッチな事例も数多く紹介しています。

あなたが、自分でキャッチコピーを書くような仕事についていなくても、事例だけ読んで雑談のネタとして十分に使えるようにしました。

衝撃の恥ずかしい告白

私は広告代理店勤務をへて、コピーライターとして独立しました。会社員時代を含めると今まで50社以上の大手企業の広告を担当し、数多くのキャッチコピーを書いてきました。そのいくつかは、広告賞をいただいたこともあります。

しかし、恥ずかしながら、正直に告白します。

私はバカ売れするための1行を書くのがあまり得意ではありません。

コピーライターが書くキャッチコピーは、商品を直接売るだけのものだと考えられがちですが、実はそうではないのです。

一般的にキャッチコピー（※）の役割は、大きく分けると以下の5つあります。

①その会社や商品の価値を最大限に上げる

②受け手の価値観を変える（＝それまで受け手が気づいていなかった価値を知らせる）

③発信する側の思いを受け手に伝わりやすいように伝える
④本当に伝えたいメッセージ（本文や中身など）を読んでもらうために受け手の興味をひきつける
⑤売り場、チラシ、ECサイト、DMなどで購入をあと押しする

同じようにコピーライターと名乗っていても、得手不得手があります。

私は①〜④を目的としてキャッチコピーを書くのはそこそこ得意だと自分では思っていますが、⑤に関しては苦手というか、そもそも書く機会がほとんどなかったのです。

本書ではあえて⑤をメインに、①〜④の中でも確実に商品が売れたり、経済効果が実際にあったりした「売れる1行」を紹介していきます。

だからこそ、本書では、上から目線で「売れるコピーの書き方」を教えるというスタンスにはしていません。私自身もこの本を書くことによって「売れる1行」の秘密を、読者の皆さんと一緒に探っていきたいと考えています。

この本を書き終える頃には、私は⑤のキャッチコピーを書くことも、得意になっているでしょう（たぶん）。あなたもそうなっていればうれしいです。

本書によって、あなたが「売れる1行」「相手を本気にさせる1行」「人を動かす1行」が書けるようになれば、著者としてそれにまさる喜びはありません。
ぜひ最後までおつきあいください。

（※）本書は専門書ではないので、広告コピーの見出し全般をキャッチコピーと称します。正確には「コーポレートメッセージ」（企業スローガンやタグラインとも）と呼ばれる見出しコピーもあります。

目次

はじめに　3

序章　バカ売れ1行のための大前提　29
――「自分に関係ある」と思ってもらう

第六章　思わず反応してしまうキャッチコピー10の型 195

序章　バカ売れ1行のための大前提

——「自分に関係ある」と思ってもらう

名前を変えて価値を変える

この本を読みはじめてくれている、あなた。

「1行でバカ売れするなんて、本当なの？」とまだ半信半疑だと思います。

そんなあなたには、理屈を語る前に事例をご紹介しましょう。

まず名前を変えただけで、商品そのものが持っている価値観が大きく変わり、結果としてバカ売れした事例をいくつか見ていきます。

今から24年前。１９９１年９月28日朝、台風19号が青森《あおもり》県を直撃しました。

観測史上最高の最大瞬間風速53・９メートルを記録。特に津軽《つがる》地方には甚大な被害をもたらしました。津軽といえばリンゴ。ちょうどまさにこれから収穫を迎えるという時期でした。ほとんどのリンゴは風の影響で枝から落ちてしまったのです。

落ちたリンゴはもちろん商品としては売れません。枝にわずかに残ったリンゴも傷ついていたので通常より商品価値が下がってしまいます。壊滅的な被害です。被害はリンゴ畑全体の90％もの面積に及び、県全体の被害額は741億円にもなったのです。

ほとんどの農家はこのままリンゴ栽培を続けていけるかどうか途方にくれました。

そんな中、ある町のリンゴ生産者から1つのアイデアが出ました。「この落下しなかったリンゴに別の名前をつけそれを付加価値にして売れないか？」というものです。

その町の生産者は、ワラにもすがる思いで、そのアイデアにかけました。そうして残ったリンゴにつけられた名前とは以下のようなものです。

落ちないリンゴ

実際それらのリンゴは風速50メートルの強風にたえて枝から落ちなかったリンゴです。

落ちないことを喜ぶのは誰だろう？

そう、受験生です。全国の神社で受験生向けの縁起物として販売したら、というアイデアだったのです。

化粧箱に入れ「合格」という朱印を押し、協力してくれた全国の神社でご祈禱《きとう》してもらい、1個1000円で販売しました。受験生やその親に大人気で、用意した落ちないリンゴはあっという間に完売したといいます。結果としてその町のリンゴ出荷量は大きく減ったものの、販売額ではそれほど落ち込まずにすみました。

もちろん、これには、苦境におちいったリンゴ農家ががんばっているという物語が背景にあったからこそ、神社も協力し、多くの人も買ったという部分はあったでしょう。

しかし黙って何もしなければ、ただの「傷もののリンゴ」です。

その価値を大きく変えたのは「1行の言葉」でした。

「気持ち悪い」と言われたメニューが……

商品名が変わっただけで、それまで「気持ち悪い」と言っていた人たちの価値観を変えて、「おいしいおいしい」と注文が殺到するようになった例をみてみましょう。

ニューヨークマンハッタンの高級住宅街ウェストビレッジに1軒の博多《はかた》料理専門店があります。それが HAKATA TONTON（博多トントン）です。

オーナーのヒミ＊オカジマさんは、元々福岡《ふくおか》で飲食店を経営していましたが、2006年、金もコネもない中で渡米。2007年に「博多トントン」をオープンさせると、瞬く間に繁盛店へと成長させました。

「博多トントン」の売りは「豚足（トンソク）」です。もちろんアメリカではトンソクを食べる習慣はありません。それまで捨てられていた食材を使って、繁盛店にしたのですからすごいですね。メニューにはローマ字で「TONSOKU」のまま載せています。

そんな博多トントンで、メニューの名前を変えただけでバカ売れした食材があります。

それが博多名物の明太子です。

最初は、そのまま「タラのたまご（cod roe）」とメニューに載せていました。すると、注文もしていないお客さんから3件同時に苦情が入ったといいます。

「タラの卵なんて気持ち悪いメニューを載せるな」と。

オカジマさんは考えました。タラの西京焼なら好きで食べるくせに「たまご」が気持ち悪いというのはどういうことかと。

そして翌日、メニューを書き換えたのです。

それが、

博多スパイシーキャビア

HAKATA Spicy caviar

でした。

すると途端に、どんどん注文が入ってバカ売れ。アメリカ人は「うまい。これはシャンパンに合う」と言って食べるようになったのです。

「タラのたまご」では気持ち悪くて食べられなかったのに、「スパイシーなキャビア」と言われると食べたくなるのですから人間は不思議ですね。

人間は、舌だけで食べているのではなく、頭でも食べています。ネーミング1つで、アメリカ人の頭の中にあった価値観を変えたのです。

養殖魚の価値を変えて行列店に

あなたが、魚がおいしい居酒屋に行って、刺身を注文する時のことを想像してみてください。

「天然」と書かれた魚と、「養殖」と書かれた魚、どちらの方に価値を感じますか？

多くの人は「天然」の方だと思います。

一般的に養殖モノは、天然モノに比べて味が落ちるというのが定説でした。

そんな常識を覆す養殖モノの魚専門料理店が、大阪《おおさか》と東京《とうきょう》で大繁盛しています。

それが**「近大《きんだい》卒の魚と紀州《きしゅう》の恵み　近畿《きんき》大学《だいがく》水産研究所」**です。

養殖のタイやヒラメなどのメニューもそろっていますが、看板は**「近大マグロ」**です。

近大マグロとは、和歌山《わかやま》にある近畿大学水産研究所が開発に成功した完全養殖のクロマグロ（本マグロ）のことです。１９７０年、水産庁の要請を受け、他大学も含めた８つの機関でマグロの養殖研究はスタートしました。しかし3年たってもほとんど成果が出ないいまま、他の機関は撤退しました。ですが近大だけは研究を続け、32年の歳月をかけてやっと成功にこぎつけたのです。

実現が困難をきわめたのは、クロマグロがデリケートな魚であり、生態もよく知られていなかったためだといいます。研究当初は人工孵化《ふか》した稚魚が大量死するなどということが繰り返されました。そんな中で地道に観察や試行錯誤を重ねた結果２００２年にようやく完全養殖に成功。2006年に「近大マグロ」として商標登録。近大マグロは、孵化《ふか》↓稚魚↓成魚までのトータルの成育過程を水産研究所で管理したものしか名乗れません。

そして2013年4月、サントリー系列の飲食会社や和歌山県と連携し、大阪・梅田《うめだ》のグランフロント大阪に養殖魚専門料理店「近大卒の魚と紀州の恵み 近畿大学水産研究所」をオープン。同年12月には東京・銀座《ぎんざ》コリドー街に2号店をオープン。どちらも予約が取れないくらいの大繁盛店になります。

従来価値が低いとされてきた養殖モノを新しいネーミングでブランディングすることにより、お客さんの価値観まで変えてしまった事例です。

もちろん、32年の苦闘の末に開発したという、人が誰しも感動を覚える「黄金律に沿ったストーリー」があることが価値を生み出しているのは確かです。実際に店内のメニューも、そのようなストーリーや関わった人が感じられるように工夫されています。

しかしながら「近大マグロ」が「完全養殖マグロ」というネーミングではここまで浸透はしなかったでしょう。「大学名（近大）」と「魚の名前（マグロ）」を組み合わせたネーミングは斬新でとてもインパクトがあったのです。

真冬の北海道の最大の弱点を売りにする

それまでまったく人気がなかったのに、名称を変え「最大の弱点」をキャッチコピーにしてリニューアルすることで、観光客が押し寄せている水族館をご存じでしょうか？

それが**「北の大地の水族館」**です。

大雪山《だいせつざん》のふもと、北海道北見市留辺蘂町《ほっかいどうきたみしるべしべちょう》おんねゆ温泉にあるこの施設は、もともとは「山の水族館」という名前で（現在もこの名前も併用）、淡水魚のみをあつかう水族館でした。しかし、普通に水槽で魚が泳いでいるだけで、特におもしろみを感じない施設だったのです。

当然のように長年にわたり客足は低迷。２０１１年、老朽化を理由に一時閉館されました。その後、国の「まちづくり交付金」を活用してリニューアルされることになりましたが、当初の予算はわずか2億５０００万円（地元の支援もあり、実際の総工費は3億５０００万円）。中規模の水族館の建設費の20分の1以下という厳しい状況でした。

北見市の職員がダメ元で、新江ノ島《え しま》水族館やサンシャイン水族館の改装を手がけた水族館プロデューサーの中村元《なかむらはじめ》さんに依頼するところからドラマははじまります。

リスクが大きいと受けるのを悩んだ中村さんでしたが、地域再生に貢献できればと受諾。中村さんのアイデアを基に２０１２年夏にリニューアルオープンされたのです。

すると大きな変化が生まれました。入場者数が劇的に増えたのです。約９か月で、前年度の10倍の20万人に達しました。年間５万人を見込んでいた北見市の予測を大幅に上回ったのです。

しかも驚いたことに冬になっても客足は途絶えません。何しろこの地方の冬の寒さは尋常ではありません。冬に観光客が来るような土地ではないのです。

にもかかわらず多くの人は、なぜやってきたのでしょう？

それは、この地方の水族館の最大の弱点を売りにした１行でアピールしたからです。

その１行とは、

世界初！　凍る水槽

でした。

土地柄、野外に水槽をつくると、冬は水面が完全に凍ってしまいます。それは水族館にとって最大の弱点であるはずでした。しかし、それを逆手にとって、凍った水面の下で活動する魚たちの様子を観察できるようにしたのです。北海道の自然河川そのままに。凍った水面の下で魚がどんな風に活動しているか観察したくありませんか？　多くの人は興味をそそられて、真冬のその時期にわざわざ「凍る水槽」を見に来たのです。

他にも**「日本初の『滝つぼ水槽』！」「日本最大の淡水魚『天然イトウの大水槽』！」**などのキャッチコピーもつくりました。

第六章でも触れますが、「初（ファーストワン）」「一番（ナンバーワン）」「唯一（オンリーワン）」の3つのワンは強いヒキをつくる言葉です。

「北の大地の水族館」は、この1行により今や北見市の一大観光スポットとなりました。

制作費5万円のポスターが神宮を満員に

本書を読んでくれている読者の皆さんの中にも、きっと、早稲田《わせだ》大学や慶應義塾《けいおうぎじゅく》大学の卒業生や現役学生の方がいらっしゃると思います。

福澤諭吉《ふくざわゆきち》が創設した陸の王者・慶應。

大隈重信《おおくましげのぶ》が創設した都の西北・早稲田。

日本の私学を代表する2校として、いろいろな分野で何かと比較されます。中でも東京六大学野球での対決は、早慶戦（慶早戦）として戦前から非常に盛り上がりをみせてきたカードです。

しかしながら、大学野球の人気低落で、ここ数年はかつての花形カードでさえ空席が目立つ状況でした。

そんな2015年5月。東京六大学野球の早慶・慶早戦を告知するポスターがネットで大きな話題になり、テレビ、新聞、ネットニュースなどにも取り上げられました。

ポスターは全部で5種類つくられ、両校のチアリーダー、野球部員、リーダー部員、吹奏楽部員、マスコットが睨《にら》み合うように対峙《たいじ》し、ライバル心をあおるキャッチコピーが書かれているという構成でした。

5種類のポスターの中でも、圧倒的に効果があったのは、両校のチアガールが向かい合って挑発し合っているというものです。そのコピーは以下のようなものでした。

ハンカチ以来パッとしないわね、早稲田さん。
ビリギャルって言葉がお似合いよ、慶應さん。

「ハンカチ」はかつて早稲田大学野球部に在籍しハンカチ王子として大人気だった斎藤佑樹《さいとうゆうき》選手を、「ビリギャル」は当時ヒットしていた映画のタイトルを、それぞれ連想させるものです。

このとても強く印象に残るキャッチコピーは、両校の学生やOBたちに、最近昔に比べて薄れてきたといわれている愛校心やライバル心を思い起こさせたのです。

2015年5月30～31日に神宮《じんぐう》球場で実施された早慶・慶早戦には、現役学生やOBが数多くつめかけ計6万4000人という大入り満員になりました。30日に早稲田の優勝が決まり、31日は消化試合になったにもかかわらず、です。これはまさにハンカチ王子フィーバー以来の出来事でした。

実はこのポスターは、大手広告代理店に所属する入社2年目のコピーライターの自主提案によって制作されたものです。かつて慶應義塾大学應援指導部に所属していた彼が、自分が在学中には実現できなかった「神宮を満員にする」という思いを、言葉の力で実現させようとして企画しました。現役学生の応援部員にも声をかけ何度も話し合う中で生まれたものだったのです。

ポスターのコンセプトは「エール交換」。自校を応援しつつも、お互いを讃《たた》え合うという六大学野球の応援に伝わる文化を体現すべく制作されました。

確かによくコピーを読むと、挑発しつつもお互いけなし合っているわけではありません。愛を感じる言葉になっていて、結果としてお互いを高め合っていることがわかります。

スポーツ漫画の多くには、宿命のライバルが登場します。ライバルがいるからこそ、主人公も輝くし、物語も盛り上がるのです。ライバルは一番倒したい相手でもあるし、一番リスペクトしている相手でもあるのです。そこをうまく演出したのでした。

ちなみにこのポスターの当初の予算はたった5万円だったといいます。デザイナーもカメラマンもボランティア。ポスターも4部刷られただけでした。

にもかかわらず、神宮球場を連日満員にしたのですから、言葉の力はすごいですね。

4億円以上の価値を生み出したとっさの1行

ツイッターに投稿されたたった1行のフレーズが、数億円もの価値を生んだ例をご存知でしょうか？

2013年2月3日、全米が注目するアメリカンフットボールの祭典「スーパーボウル」で事件は起こりました。

この年のスーパーボウルは、レイブンズ対49ers《フォーティナイナーズ》の試合がニューオーリンズのメルセデスベンツ・スーパードームで開催されました。レイブンズが21－6でリードした第3クオーターのこと、スタジアムの上層階の照明が突然消えはじめ、停電で試合が35分間におよび中断するというハプニングがあったのです。

停電してしばらくたち、多くの人々がいつ復旧するんだ、とイライラしている時、その1行は生まれました。

ツイートしたのはアメリカのクッキーブランド「オレオ」のツイッター公式アカウントでした。イライラしている全米の人たちに向かって「停電だって？　問題ないね（Power out? No problem.）」とつぶやいたのです。

リンクされている画像を見ると、暗闇にスポットライトに照らされ浮かび上がるオレオのクッキーの写真。そして以下のキャッチコピーが書かれていました。

真っ暗でもダンクすることはできるさ

YOU CAN STILL DUNK IN THE DARK.

ダンクとは、液体にひたすという意味。アメリカではオレオを牛乳にひたして食べる人が多いので「スタジアムは停電で暗くなっているけど、オレオを牛乳にひたして食べることはできるよ」くらいの意味になります。

スポーツでダンクというとバスケットボールのダンクシュートを連想するでしょうか。実はアメフトにおいても、タッチダウンした後の喜びをあらわすダンク（ゴールポストの水平バーにボールをたたきつける）というパフォーマンスがあるのです。

このあまりにタイミングがいい広告は、ネットで瞬く間に話題になりバズが広がっていきました。

当日だけで1万2０００以上リツイートされました。またフェイスブックでも2万のライク！（いいね！）と6０００以上のシェアを獲得しました。多くの人たちが、タイムリーに緊張をとくユーモアあふれるオレオの広告に賞賛のコメントを残したのです。アメリカにはピンチの時こそユーモアで場の緊張を和らげることができる人を評価する風潮があります。それがこのような賛辞に結びついたのです。

多くの人が家にあったオレオをダンクして食べたり、改めて買いに行ったりしたことでしょう。

スーパーボウルのＣＭ枠は世界一高額な放映料で知られており、30秒で３８０万ドル（約4億５０００万円）とも言われています。また提供各社は、その日のためだけに億以上の費用をかけて渾身《こんしん》のＣＭを制作するのが一般的です。しかしこの1行による波及は、それ以上の効果があり、放映されたどのＣＭよりも効果があったと試算されました。

このような素早い対応ができたのには理由があります。オレオのマーケティング担当代理店のソーシャルメディアチームがスーパーボウルの試合中、会社に管制センターをおいてずっと戦況をみつめながら待機していたからです。何か特別なことがあれば、それに合わせた発信をする予定でした。チームはこの停電をチャンスととらえ、すぐに広告を制作し、一緒に待機していたオレオの責任者の同意をとりつけ、発信したのです。

実はオレオは、このスーパーボウルのＴＶスポットのスポンサーでもありました。オレオのＣＭは第１クオーター終了時にすでにオンエア済みでした。図書館で２人の男が小声で言い争うところから、全館を巻き込む大パニックになるという大がかりなものでしたが、あまり話題になりませんでした。莫大な制作費と放映料をかけたにもかかわらず。

それに比べて「制作費も放映料もほとんどかかっていないひと言のツイートの方がはるかに話題になり売上げにつながった」という皮肉な結果でもあったのです。

言葉を強くする2つの方法

商品名や1行のフレーズによって商品がバカ売れしたり、大きな経済効果を生み出したりした例をいくつか見ていただきました。

このような1行はどうすれば書けるのでしょうか？

「はじめに」でも書きましたが、こうすれば必ずヒットするという魔法の法則はありません。

ただ一般的に「強い言葉」を使うと、受け手の心に刺さり記憶に残ります。そうなると受け手が行動したくなったり買いたくなったりする確率は大幅にあがるのです。

言葉を強くする方法はいろいろありますが、最低、以下の2つのことを意識してみてください。それだけでも言葉は強くなります。

①常套句《じょうとうく》をさける

②言葉の組み合わせを考える

①の常套句とはそのジャンルでよく使われる手垢《てあか》のついた言葉です。

飲食店の紹介でいうと以下のような言葉です。

「こだわり」「厳選した」「極上の」「まごころをこめた」「くつろぎの」

企業の経営理念でいうと以下のような言葉です。

「地域密着」「お客様第一」「笑顔」「未来」「創造」「イノベーション」

このような手垢がついたような常套句では人の心は動きません。

②「言葉の組み合わせ」が普通とは違うと、化学反応が起きて、言葉が強くなり印象的になることがあります。

前述の「落ちないリンゴ」「近大マグロ」などは、普通の言葉の組み合わせでないところから化学反応が起きてインパクトが生まれているのがわかるでしょう。

POPのひと言でシルバー世代にバカ売れ

東京上野《うえの》のアメ横によく知られている菓子店があります。

それが「二木《にき》の菓子」です。

終戦直後の1947年に段ボール一箱の面積からスタートし、今ではアメ横をはじめ関《かん》東《とう》に10店舗以上の店をチェーン展開しています。

この店の特徴は、よそでは売れない商品でも、強い言葉を使ったPOPで新しい価値を生み出し、売りさばくということです。専務取締役二木英一《ふたつぎえいいち》さんはその著書『なぜ20円のチョコでビルが建つのか?』(秀和システム)で以下のようなエピソードを紹介しています。

ある時、二木の本部にある取引先から「あんドーナツ」の売り込みがありました。40年以上変わらない製法で作り続けられている懐かしい味わいがセールスポイントです。

食べてみると、とても甘く手作り感があり素朴な味わいです。だからといって「40年間変わらぬこだわりの製法」「懐かしい味わいのドーナツ」などの言葉で売ると、確実に店頭で埋もれてしまう予感がしました。

そんな時、60代の男性店員が「昔は甘いものって特別な時しか食べられなかったんだよ」と語りはじめました。その発言の一部を使って、以下のようなキャッチコピーが書かれたＰＯＰが作成されたのです。

今となっては素朴でも、昔はこれが贅沢だったんだ！

自らのマイナスポイントを正直に語る（Ｐ１６９参照）という内容で、形としても対句（Ｐ２１０参照）になっていることもあり、非常に強いフレーズになっています。

このＰＯＰをつけると、1店舗を除き二木の菓子全店であんドーナツは飛ぶように売れました。60代70代のお客さんが共感してくれたのです。この1行により平凡なお菓子の中に眠っていた新たな価値が発掘されたのです。そしてお客さんの心を突き刺しました。

1店舗だけ売れなかったのはなぜでしょう？　それにはちゃんと原因がありました。その店だけが違うＰＯＰをつけていたのです。店員が届いたＰＯＰを見て、キャッチコピーがピンとこなかったので勝手に書きなおしていたのです。

そこに書かれたキャッチコピーは「昔懐かしい味、今も昔も変わらぬ贅沢を」でした。

内容はほとんど同じでも、よくＰＯＰに書かれているような手垢がついた常套句的な表現です。それでは高齢のお客さんの心を刺し共感を呼ぶことはできなかったのです。

その後、前述した対句のＰＯＰに替えると、その店でもあんドーナツは飛ぶように売れたといいます。

なぜあなたの文章はスルーされるのか？

1行バカ売れのためには、まずは「強い言葉」を使うことを意識することから始めてみてください。

続いては、さらに相手の気持ちを動かし、売りにつながる1行を書くためにはどうしていけばいいかを考えていきましょう。

きょう1日のことを思い出してみてください。

あなたの脳は、きょう1日で、どれだけの情報を受けとったでしょう？

朝を起きてテレビをつけて見た、ニュースや情報番組から受けとった情報。

朝食を食べながら読んだ新聞から得た情報。

奥さんがしゃべる子供の進路の相談。

駅まで歩く道にあったさまざまな看板。

電車の中でスマホを見ると、ツイッターやフェイスブックなどから情報が入ってきます。

もちろん車内には中吊《なかづ》りをはじめいろいろな広告があります。デジタルサイネージ（電子看板）からも情報が入ってくるでしょう。

会社に行ってまずパソコンを開くと、数多くのメールに添付資料。

会議に出たらみんなの会議での発言や配布資料。

営業に行くために、新商品の資料を読み込んで、得意先の情報をネットで調べ……。

あげるとキリがありませんね。


ネット社会になって人が受けとる情報量は格段に増えました。ここ数年だけをみても、スマホの普及やSNSの浸透で私たちが受けとる情報量は何百倍何千倍と飛躍的に増えています。諸説ありますが、現在の私たちが1日に受けとる情報量は、江戸時代の人間の一生分だとも言われています。

そんな中、すべての情報を記憶にとどめるのは不可能です。ほとんどの情報は受けとってもスルーしてしまいます。

あなたが書く「企画書」「チラシ」「ＰＯＰ」「メール」などの言葉や、「営業」「プレゼン」「会議」などでの発言がスルーされてしまうのも仕方ないかもしれません。

スルーされないための大原則

では、どうすれば、あなたの文章や発言は、スルーされないようになるのでしょう？
シンプルだけど大切な、キャッチコピーに関するたった１つの大原則をお伝えします。
それは、
受け手に「自分と関係がある」と思ってもらう
ということです。

当たり前すぎて拍子ぬけしたでしょうか？

人間は自分と関係がある情報だと思うと耳をかたむけます。逆に関係ないと思った瞬間に脳はその情報をスルーして記憶に残りません。

ネット社会になり情報が飛躍的に増えてからはそれが顕著です。

何かを相手に伝えたい時には、まずはその情報が「自分に関係ある」と思ってもらうことが何よりも大切です。

何か物を売る時にもそれは同じです。

その商品が自分と関係がある商品だと思わなければ、相手は買おうとは思いません。

相手に自分に関係があると思わせるために必要なのが、「はじめに」でご紹介した「キャッチコピー力」です。

キャッチコピー力とは、「受け手の心をつかむ言葉を見つけ、短く的確に言い表す能力」のことを言います。

この能力は大きく2つに分けられます。

「言葉を見つける」という部分と、「短く的確に言い表す」という部分です。

広告業界では前者を「What to say」と呼び、後者を「How to say」と呼びます。

日本語で簡単に言うと「何を言うか」と「どう言うか」ということです。

一般的に「どう言うか」の How の部分に注目が集まりやすいのですが、実は「何を言うか」の What の部分もきわめて重要です。

本書では、「どう言うか」の型の話より、より根本的な「何を言うか」に重点を置いています。単純に How to say の型を紹介していくような本は他にたくさんあるからです。

まずは何を言えば相手が「自分に関係ある」と感じるかを考えていきましょう。

どうすれば自分ごとにしてもらえるか？

では何を言えば、人は自分と関係があると思うのでしょう？

まず一番シンプルなのが「ニュースを知らせる」というものです。

人を人たらしめているのは「好奇心」です。

新しいニュースは、好奇心を満たすので、人は興味を示します。結果として自分と関係があると思ってくれやすくなるのです。


二番目は、「得することを提示する」ということです。

これはわかりやすいですよね。

人は自分の損得に敏感な生き物です。

何か得するとわかれば、人はその情報をもっと知りたいと思います。


三番目が「欲望を刺激する」ということです。

人間にはいろいろな欲望があります。

本能的な欲望から社会的な欲望までさまざまですが、欲望が刺激されると人はその情報についつい目がいってしまうのです。


四番目が「恐怖と不安でやさしく脅す」ことです。

人は恐怖や不安に弱い生き物です。

恐怖や不安という感情が浮かぶといてもたってもいられなくなり、それを解消してくれるかもしれない情報を目にすると無視できなくなるのです。ただし、強すぎる脅しは逆効果になります。やさしく脅すということが大切です。


五番目が「信用を売りにつなげる」ことです。

人は信用する相手の言うことは内容にかかわらず聞こうと思うものです。

まとめると以下のようになります。

自分ごとにしてもらうための5W

W1　ニュースを知らせる
W2　得することを提示する
W3　欲望を刺激する
W4　恐怖と不安でやさしく脅す
W5　信用を売りにつなげる

以上の5つの「What to say」（5W）で訴求すれば、人は「自分と関係がある」と思いやすくなり、その情報をスルーできなくなるのです。

つまり、商品であれば、買ってもらえる確率が高まるということです。

本書では第一章から第五章にかけて、この5つの「何を言うか」について、具体的にバカ売れした事例を交えながら解説していきます。

渋谷のスクランブル交差点で立ち止まってもらう方法

「何を言うか」が決まったら、次は「どう言うか」について考える必要があります。

現在の社会は、渋谷《しぶや》のスクランブル交差点のようなものです。

ものすごく多くの人が行き交い、情報という情報がこれでもかというほどあふれ返っています。

普通に話しかけただけでは立ち止まってもくれません。

どのように言えば立ち止まってくれるかを考えなければならないのです。

そんな時に役立つのが、キャッチコピー力の型です。

こうすれば人が立ち止まりやすくなるという法則です。

数多くある型の中から、本書では以下の10の「How to say」（10H）にしぼり、具体的な事例を紹介しながら解説していきます。

立ち止まってもらうための10H

H1　ターゲットを限定する
H2　問いかける
H3　圧縮して言い切る
H4　対比&本歌取り
H5　誇張をエンタメ化
H6　重要な情報を隠す
H7　数字やランキングを使う
H8　比喩《ひゆ》でひきつける
H9　常識の逆を言う
H10　本気でお願いする

いずれも「何を言うか（5W）」と組み合わせて使うと、素晴らしい効果を発揮するものばかりです。本書を読み終えたら、あなたもぜひこの「5W10H」を意識して、自分の商品のキャッチコピーを書いてみてください。

第一章　なぜ人は新しい情報が好きなのか？

——ニュースを知らせる

元祖1行バカ売れコピーとは？

この本を本格的に読み進めてくれている、あなた。

日本で一番古い「バカ売れキャッチコピー」をご存じでしょうか？

それは、1683年に、江戸市中で配られた引き札（現在のチラシ）に書かれた、

現金安売り掛け値なし

というキャッチコピーです。

配ったのは、豪商三井《みつい》家の祖である三井高利《たかとし》（通称・八郎兵衛《はちろべえ》）。彼はもともと、伊勢松《いせまつ》坂《さか》で商売を営んでいたのですが、1673年、52歳で江戸に進出しました。店主を息子の高平《たかひら》にまかせ、越後屋《えちごや》の屋号で江戸本町《ほんちょう》に呉服店を開きます。

越後屋は現金安売りという画期的な商法で大いに繁盛しました。しかしそれを妬《ねた》む同業

者から陰湿な妨害を受け、店を移転せざるを得なくなりました。
越後屋は密《ひそ》かに店を駿河町《するがちょう》二丁目に移転し、再オープンをはかります。その時に越後屋八郎右衛門《はちろうえもん》（高平の別名）名義で配ったのが「現金安売り掛け値なし」というキャッチコピーが書かれた引き札だったのです（原文は「現銀無掛値」）。

その全文の現代語訳は以下のとおり。

「駿河町越後屋八郎右衛門が告知いたします。このたび、私は創意工夫を重ね、いかなる呉服物でも格別にお安く売り出すことにしました。どうぞ私の店に来ていただきお買い求めください。どちら様のお宅にもこちらからお伺いして訪問販売することはありません。当店は定価販売のため、一銭たりとも嘘の値段をつけておりません。なので、値切ろうとされても割引することはありません。もちろん、お代はその場で現金でお支払いくださいませ。一銭たりともツケでのお支払いはお受けいたしかねます」

呉服物現金安売り掛け値なし
駿河町二丁目　越後屋八郎右衛門

この引き札は5万枚以上もまかれたと言われ（当時の江戸の人口は約50万人と推定されています）、江戸中の話題になったといいます。

なぜそんなに話題になったのでしょう？

「画期的な販売方法」というニュースを売る

現在の商習慣からすると、現金掛け値なしなのは当たり前に思います。

しかし当時の商習慣からすると「現金安売り掛け値なし」は画期的なニュースであり、衝撃的なキャッチコピーだったのです。

当時の呉服屋は、店が屋敷に品物を持参し販売する「屋敷売り」や、前もって注文を取る「見世物商い」が主流。代金はツケで、盆と暮れの年2回に受けとるというのが一般的だったのです。その手間賃やリスク管理のため、値段は原価に比べかなり高く設定されていました。商売相手は裕福な商家や大名・上級武士などの特権階級が中心だったので可能だったのです。それを店頭販売にし、現金掛け値なしの代わりに安値の正札販売にしたことで、越後屋は町人などの新しい顧客層を開拓しました。

序章でキャッチコピーのたった1つの大原則について書きました。それは「受け手に『自分と関係がある』と思ってもらう」ということです。それまで手が出ない高嶺《たかね》の花だった呉服が、自分たちにも手が届くようになったというニュースは、当然、町人たちにとって「自分に関係ある」ものだったのです。

さらにこの引き札は、同業者からの妨害にあったにもかかわらず、越後屋は今後もこのやり方で商売を続ける、という強い決意表明にもなっていました。

三井事業史によると、この引き札が配られたのちの数か月は約60%も店頭の売上げが伸びたということです。まさにバカ売れですね。あまりの人気ぶりに、執拗《しつよう》に反対していた他の呉服屋たちも「現金安売り掛け値なし」を実施せざるをえなくなったといいます。

三井高利はこの後、金融業にも手を出して、豪商三井家の祖となり、のちの三井財閥へと引き継がれていきます（ちなみに越後屋はのちの三越《みつこし》百貨店となります）。

井《い》原西鶴《はらさいかく》も『日本永代蔵』で、高利をモデルにした男を登場させ「大商人の手本」であると絶賛しています。

この「現金安売り掛け値なし」というニュースは世界的にみても画期的なものでした。越後屋はこの画期的な「ニュース」を売って、バカ売れしました。

商品やサービスに何か画期的な「ニュース」がある時には、それを直接伝えることが一番の売りになるのです。

アップルが本当に売っているモノ

2015年4月24日に発売されたアップルウォッチは、かなり話題になりました。

しかし考えてみると、いわゆる時計型の端末であるスマートウォッチは、サムスンやソニーなどすでに各社から発売されています。にもかかわらずそれほど話題にはなりませんでしたね。

違いはどこにあるのでしょう？

それは、他のメーカーは製品そのものを売ろうとしているのに対して、アップルは「ニュース」を売っているからです。

アップルウォッチのキャッチコピーは、**「腕時計を再び創造する」**。

それに比べると他社のキャッチコピーはニュース性に乏しい。

この「製品そのものではなくニュースを売る」という手法は、故スティーブ・ジョブズ氏が確立したものです。

アップルは新商品ができると大々的に発表会を催し、ジョブズ本人がプレゼンしました。彼はその場でニュースになるキャッチコピーを伝えるのがとても上手でした。

「ポケットに1000曲を」
「アップルが電話を再発明する」
「世界で最も薄いノートパソコン」

それぞれ、iPod、iPhone、MacBook Air のプレゼンでジョブズが使ったキャッチコピーです。それぞれ、ネットニュースや新聞の見出しにそのまま持ってきても、ニュース性があり十分にキャッチーですよね。

この1行はその場にいた人を熱狂させたのはもちろん、ニュースになって世界中をかけめぐり世界中のアップルファンにすぐに手に入れたいという気持ちを沸きあがらせました。

そしてこの1行により、世界中のアップルストアに長い行列ができ、上記の商品がバカ売れしたことは、皆さんもご存じのとおりです。

話題を売りつづける老舗遊園地

ニュースを売りつづけることで、ここ数年、入場者数がV字回復中の老舗遊園地があります。それが「ひらパー」こと、ひらかたパークです。

「ひらパー」は、大阪と京都《きょうと》の中間に位置する大阪府枚方《ひらかた》市にあります。1910年創業と、東京浅草《あさくさ》の花《はな》やしきに次ぐ歴史のある遊園地です。

大阪と京都を結ぶ私鉄、京阪《けいはん》電気鉄道の子会社が経営しています。96年からは公式に「ひらパー」の略称を使用して目立つ広告活動を続けてきました。

しかしながら、少子化、レジャーの多様化などもあり、入場者数は1974年のシーズンの160万人をピークに年々減少の一途。さらに2001年、大阪市内にユニバーサル・スタジオ・ジャパン（USJ）が開業したことが追い打ちをかけます。数多くあった関西《かんさい》の老舗遊園地がどんどん閉園に追い込まれる中、ひらパーは、赤字ながらも何とか経営を続けてきました。

そんな中、2009年度からお笑いコンビ・ブラックマヨネーズの小杉竜一《こすぎりゅういち》さんを起用したイメージキャラクター「ひらパー兄さん」が話題になります。特に、２０１０年は、小杉さんの相方・吉田敬《よしだたかし》さんとの「ひらパー兄さん選挙」で大きな注目を集めました。若者の入場者数が大幅に伸び黒字を計上するまでになったのです。

そんな小杉さんが２０１３年3月にひらパー兄さん引退を発表（これも関西では結構なニュースになりました）。次期ひらパー兄さんは誰かと注目が集まる中、同年4月衝撃的なニュースが発表されました。

きっとまたお笑い芸人だろうという予想を覆し、何とジャニーズの人気グループＶ６の岡田准一《おかだじゅんいち》さんが2代目の「超《スーパー》ひらパー兄さん」に就任するという発表があったのです。

岡田さんは、枚方市生まれ。「小さい頃にひらかたパークでよく遊んだ経験がある」という情報を聞きつけた広告制作者が直々に手紙を書いて口説いたといいます。

しかも発表されたポスターは、普段のカッコイイ岡田さんのイメージとは真逆でした。昭和の漫才師風の衣装で、以下のキャッチコピーが書かれていたのです。

「枚方生まれ、枚方育ち
ワイがッ　ひらパー兄さんでおま！
2代目枚パー兄さん　岡田准一」

かつてオールナイトニッポンで放送されていた笑福亭鶴光《しょうふくていつるこ》師匠の挨拶《あいさつ》を彷彿《ほうふつ》とさせるフレーズです。テレビCMも、胸に「枚方」という文字がプリントされたパーカーを着た岡田さんが、コテコテの大阪弁で就任したことを知らせる衝撃的な内容でした。

このニュースの影響力はすさまじいものでした。就任が発表された瞬間、「ひらかたパーク」の公式ツイッターのフォロワー数が一気に10倍に跳ね上がりました。それまで1日3000アクセスほどだったホームページを訪れる人が殺到し、サーバーがパンクしてしまいました。

入場者数も、就任した2013年度は前年度よりも1万人増。前年は100周年でイベントに力を入れていたことを考えるとすごい数字です。岡田さん効果で関西以外の地域からもお客さんがやってくるようになりました。

さらに2年目の2014年度は岡田さんが、超ひらパー兄さんに加え園長にも就任。「入場者100万人を達成しなければ、園長もひらパー兄さんも解任」というストーリー性のあるニュースを取り入れたことで、ファンの応援心理をくすぐりました。

岡田さん自身もNHK大河ドラマ『軍師官兵衛』、映画『永遠の0《ゼロ》』などの話題作の主演が続きました。その相乗効果もあって、入場者数は104万人と100万人のノルマを悠々とクリアします。前年に比べ9万人もの大幅増となり、グッズもバカ売れしました。

ひらパーはニュースを売ることで、V字回復を遂げたのです。

ニュースづくりの達人イエス・キリスト

ニュースを売る手法が有効なのは、はるか昔の2000年前も同じです。

このことは1924年に広告会社の経営者であったブルース・バートンがイエス・キリストを題材に書いた大ベストセラー〝The Man Nobody Knows〟『誰も知らない男～なぜイエスは世界一有名になったか』（日本経済新聞社）という本にも書かれています。

イエスを宗教家ではなく優秀な広告マンだったという視点で書いた本です。当時は宗教界からイエスを冒瀆《ぼうとく》していると批判され物議をかもした本でもあります。以下はその本に書かれているエピソードです。

著者のバートンは、少年時代、日曜日の礼拝が大嫌いでした。「イエス様を愛しなさい」と言われても、十字架にはりつけられたイエスの悲しげな肖像画を見て、その弱々しさにまったく魅力を感じなかったからだといいます。

そんな彼も大人になり、コピーライターとして有名になります。広告会社の経営者になり組織をまとめる立場になりました。彼は再び、イエスに興味を持ちます。

そして聖書を先入観なしに改めて読んでみました。するとそこには、「誰も知らない男(=イエス)」のことが書かれていました。ビジネスの天才であり、説得、広告、PR、コピーライティングの能力に秀でた活発で陽気で魅力的な人物だったイエスの姿が。

その本の中でバートンは、イエスの教えが急速に広まっていった理由を挙げています。

それは以下のようなものでした。

イエスは良い広告がニュースであることを知っていた。

つまりこういうことです。

聖書によると、イエスは弟子たちと布教の旅をしていましたが、訪れる各地でいつも予想もつかない言動をし事件をおこしています。それが口コミのニュースになって、まだ訪れていない場所にもどんどん広まっていったというのです。

聖書に書かれているある日の出来事は、もしその時代に新聞があったとしたら、以下のような見出しになるのではとバートンは書いています。

中風の人治る
ナザレのイエス、罪を許す権利を主張
有名法律家らは異議
「冒瀆だ」と地元有力者
治った人は「どちらにしても私は歩けるようになった」

このようなニュースが何本もできるような行動をイエスはとります。ニュースを耳にした人は誰かにそれを伝えたくてしかたなくなります。こうしてニュースはどんどん広まっていき、まだ直接会っていない地域の人たちもナザレのイエスのことを知るようになっていくのです。

なぜ、人は新しい情報が好きなのか？

ニュースとは英語の new から派生した言葉で、要は「新しい情報」です。新しい情報はそれだけで価値があり、人をひきつけます。

なぜなら人間の脳には、新しい情報を快感と受け取る性質があるからです。新しい情報を得なくても暮らして行けるのに、テレビ・新聞・ネットなどのニュースに反応するのもそのためです。

コンビニに新商品が置かれていると、ついつい手が伸びてしまいます。新しいサービスはついつい試したくなります。

書店では「新刊」が一番目につく所に置かれているのが一般的です。これも新しいものに価値を感じやすい人間の特徴からきています。本来であれば新刊よりも、長く読み続けられてきた古典やロングセラーのほうが読む価値がある可能性が高いにもかかわらず。

ただし、これは人によって大きな差があります。新しい情報や刺激を快感と受け取る性質（新奇探索性）が強い人もいれば、そうでもない人もいます。そうでもない人は、心配性でリスクを避けることに安心を覚える性質（損害回避性）が強いともいえます。

この差は、ドーパミンの感受性が高いか低いかによって決まると言われています。一般的に、ドーパミンの感受性が低いほど新しいもの好きになります。ドーパミンの感受性が高いか低いかは、遺伝子によって決まります。

製品最大の弱点をニュースにするCM

新商品でなくても、消費者の価値観を変えるニュースをつくることはできます。

アメリカの老舗食品メーカーのハインツ社の例をみてみましょう。

ハインツ社はヘンリー・ジョン・ハインツによって創業され、1876年からトマトケチャップを発売。中小メーカーの粗悪品が多かった当時のケチャップ業界で、人工保存料などを使わない製法で支持を得ます。

特に1906年、純正食品医薬品法が施行され、食品への不純物混入が規制されたことで、ケチャップから撤退するメーカーが続出。ハインツはケチャップでは圧倒的なシェアを誇るトップ企業として君臨しました。

第二次世界大戦後、ファストフードの普及によりケチャップの需要は大幅に伸びます。そんな中、１９６０年代になるとデルモンテやハンツなどが追い上げ、ハインツのシェアは急落しました。

当時のケチャップはビンづめです。ハインツのケチャップは水分が少なかったので、なかなか出てこないという欠点がありました。ビンを逆さまにして底をたたく必要があったのです。それに比べると、他社のケチャップは水分が多いので簡単に出てきます。使用者のストレスは大きく違いました。他社はハインツの弱点をついてきたのです。

これに対抗するには、ケチャップの成分を出てきやすい液状に変えるしかありません。しかしそれではハインツらしさがなくなる。ハインツはその戦略をとりませんでした。たった1行のコンセプトで消費者の価値観をひっくり返したのです。

それは、

ハインツのケチャップは、
おいしさが濃いからビンからなかなか出てこない。

でした。

そのコンセプトを基にいくつものCMや雑誌広告が作成されました。

たとえば、ケチャップレースというテレビCM。ライバル他社のケチャップとビンを逆さまにしてどちらが早く出るかのレースをし、それをアナウンサーが実況するというものです。当然、ライバル社の方が早くビンから全部出ます。ハインツの負けです。でもそれは「ハインツはおいしさが濃い」から負けたと実況するのです。

この1行と視覚的に印象深いさまざまな広告によって、それまでケチャップがなかなか出てこないことにイライラしていた使用者は、「それはおいしさが濃いからだ」という認識に変わったのです。最大の弱点と思われたものが最大の魅力になったのですね。

ハインツはこの1行によってシェアを急速に取り戻しました。

余談ですが、サッカー日本代表の本田圭佑《ほんだけいすけ》選手が試合で得点できないことが続いた時に言った有名なセリフ「あるストライカーが言っていた。ゴールはケチャップみたいなもの。出ない時は出ないけど、出る時はドバドバ出る」は、このハインツのケチャップをイメージしたものだと思われます。

ちなみにこの発言は本田選手自身も語っていたように彼のオリジナルではありません。

オランダのサッカー選手ルート・ファン・ニステルローイが、当時レアル・マドリードのチームメイトで、不調で苦しんでいたゴンサロ・イグアインに「ゴールはケチャップみたいなものだから」とアドバイスした言葉が元だと言われています。

しかし、日本ではすっかり本田選手の名言として世に流通していますね。誰かの言葉がそれを引用した人の発言として流通してしまうという現象は、とてもよくあることです。

ニュースになる鉄板3カ条

キャッチコピーに、ニュースであることがわかる言葉を入れることは「売り」につながります。

たとえば「世界初」「日本初」「業界初」などファーストワンはそれだけでニュースになるので、新しいもの好きにはとてもよく刺さります。

同じように「新発売」「新登場」など「新」がつく言葉もニュースになります。

もし新商品でなくてもあきらめる必要はありません。従来品の改良でも新しい使い方・食べ方の提案でもニュースにすることはできるからです。

他にも以下のような言葉を組み合わせて使うと、ニュースであることが伝わりやすくなります。参考にしてみてください。

①年月日時曜日などの要素を入れる

具体的な年月日時曜日などの要素が入っているとニュースになりやすくなります。

・12月22日新型「アルト」デビュー
・これで安心　花粉症対策2016
・特別半額セールは9月15日まで
・金曜日はプレモルの日。

②「ついに」「とうとう」「いよいよ」「待ちに待った」などの言葉を入れる

このような言葉が入ることで、多くの人が待ち望んでいたイメージになるのでニュースと感じやすくなります。

・ついに登場！　アプリで赤本
・とうとう出ました　前輪二輪のバイク

・いよいよ解禁！　石川《いしかわ》県産ズワイガニ
・待ちに待ったサッポロ極ZERO　再発売

③「発表」「公開」「宣言」などの言葉から始める

このような言葉から始まると、ニュースと感じやすくなります。
・発表　この春、一番売れた化粧品！
・公開　1行で必ず売れる最新のテクニック
・宣言　今後、当社の食品は化学調味料を一切無添加にします

大胆な宣言で注目された書店

他にも1行でニュースになる方法があります。
それは強い意志をもって一般的な常識とは逆のことを宣言するという手法です。
大阪にスタンダードブックストアという人気の書店があります。心斎橋《しんさいばし》を筆頭に、梅田
茶屋町《ちややまち》と阿倍野《あべの》に店舗があります。

心斎橋の店舗は、1階と地下に広がるとても居心地のいい空間です。1階が100坪、地下が170坪、そのうち40坪がカフェになっています。木製の本棚、カーペットやフローリングに落ち着いた照明で、一般的な書店の内装とは一線を画します。文具、雑貨、洋服、バッグ、自転車、キッチン用品、食品なども、本とうまく融合させて違和感なく販売されています。

地下のカフェは買う前の本でも持ち込みが自由。料理も健康的でおいしいメニューが並んでいます。またそこでは、さまざまなイベントが開催されています。コミュニティのハブになっている書店なのです。

2006年、この店が新規オープンした時、代表の中川和彦《なかがわかずひこ》さんは、地下鉄心斎橋駅に店の広告を出します。そのキャッチコピーの1行がスタンダードブックストアの知名度を一気に高めました。

それが、

本屋ですが、ベストセラーはおいてません。

という1行です。今でもサイトを見ると、えんじ色のバックに白抜きの大きな文字でこのキャッチコピーが書かれています。

書店は普通、ベストセラーを置くことに血眼になっているというのが常識です。その中で「ベストセラーを置かない」という一般的な常識と逆の宣言をしたことで、多くの人の印象に強く残り、お客さんが押し寄せました。

今でも、スタンダードブックストアに関する記事の多くで、このキャッチコピーが紹介されます。どんな書店かを一番うまく言いあらわすことができるからです。

もっとも、スタンダードブックストアにもベストセラーは置かれています。「ベストセラーはおいてません」は、絶対に置かないという意味ではなく、ベストセラーという理由では置かないという意志表示なのです。

このように強い意志をもった宣言は、ニュースになり注目を集めます。

江戸で生まれた今も伝わる名コピー

そうは言ってもニュースになる材料がまったくない時もあるでしょう。そんな時は、ニュースになるネタを作るという手法もあります。

この章の冒頭に、越後屋の「現金安売り掛け値なし」というキャッチコピーをご紹介しましたが、江戸時代にはもう1つ現代にも伝わる名コピーが生まれています。

それが、

本日、土用の丑の日

です。

そう、7月下旬の夏の盛り、土用の丑《うし》の日にうなぎを食べるという習慣を世に広めたキャッチコピーなのです。

諸説ありますが、長崎《ながさき》で手に入れたエレキテルを修理・模造したことで有名な幕末の天才学者平賀《ひらが》源内《げんない》がこのコピーを書いたとする説がよく知られています。

本来、うなぎの旬は冬で、夏は味が落ちるといわれていました。うなぎ屋は夏場はお客さんが少なく売れなくて困っていたのです。そんなうなぎ屋が、源内に「なんとかならないか？」と相談しました。

源内はある日、うなぎ屋の店頭に「本日、土用の丑の日」という貼り紙を出しました。すると、お客さんが押し寄せ、驚くほどに繁盛しました。やがてその評判が江戸中に広まり、多くのうなぎ屋もそれを真似るようになります。こうして全国的に「土用の丑の日」にうなぎを食べるという習慣が広まったといいます。

土用とは、四立（立春、立夏、立秋、立冬）の前、約18日の期間のことを言います。

『丑の日』とは十二支の丑で、1年は12日周期で十二支が割り当てられています。夏の土用の時期は暑さが厳しく夏バテをしやすい時期なので、昔から「精の付くもの」を食べる習慣がありました。精の付くものというと「うなぎ」は、昔から有名でした。

万葉集にも「石麻呂に われ物申す 夏痩せに 良しといふものぞ 鰻捕り食せ」という大《おお》伴家持《とものやかもち》の和歌が残っているくらいです。また、丑の日には「うの付くもの」を食べると病気にならないという迷信もありました。

その両方に合致するのが「うなぎ」だったのです。

このキャッチコピーのいいところは、「本日、土用の丑の日」で留《とど》めているところです。「だから、うなぎを食べましょう」なんて余計なことは書いていない。お客さんがそのコピーを見て、自分で「うなぎを食べたい」と勝手に思ってくれるのです。その方が食べたい欲求が強くなります。

源内は、たった8文字でニュースを作ることによって、夏にうなぎを食べたいという気持ちを日本人に沸き上がらせました。

日本式バレンタインデーを作った1行

この「本日、土用の丑の日」と同じ考え方でニュースとして広まったイベントがあります。それが日本式のバレンタインデーです。

そもそもバレンタインとは、3世紀頃ローマにいたキリスト教の司教の名前・聖ウァレンティヌスの英語読みです。

当時の皇帝が兵士の士気が下がるという理由で、2月14日に開かれていた男女が出会うお祭りを禁止しました。聖ウァレンティヌスはそれに逆らって男女の出逢《であ》いを演出したと言われています。しかしそのせいで、彼は処刑され殉死してしまいました。

これがバレンタインデーの発祥だといわれています。

現在でも欧米諸国では「恋人たちの日」ということでカードを贈りあう習慣があります。

ただし、女性からの告白の日という訳ではなく、チョコレートも本来関係なかったのです。

日本におけるバレンタインデーの起源は諸説あります。その中でも、女性から男性へのプレゼントを最初に打ち出したのはメリーチョコレート（本社東京都大田《おおた》区）だと言われています。

メリーチョコレートのサイトによると、１９５８年にヨーロッパのバレンタインデーの習慣を知り、デパートで初めてのバレンタインセールを行いました。しかし結果は散々。3日間で50円の板チョコレートが３枚と20円のメッセージカードが１枚、たった１７０円の売上げだったといいます。

しかしメリーチョコレートは、翌年もめげずに再び挑戦します。

愛の日ということから、チョコレートをハート形にして、その上に贈る人と相手の名前を入れられるサービスを実施しました。

さらに、

年に一度、女性から男性へ愛の告白を！

というキャッチコピーを付けたのです。

女性から男性に告白するのがまだ珍しかった時代、この1行はセンセーショナルでした。時代の流れにも乗り、大手菓子メーカーなども追随し週刊誌が特集を組むようになります。1970年代前半には、小学生～高校生女子の間で爆発的に流行しはじめたのです。

また1980年には日本独自の記念日ホワイトデーも誕生しました。

もともとは福岡の老舗菓子屋「石村萬盛堂《いしむらまんせいどう》」がバレンタインのお返しに白いマシュマロを売り出したのが起源だと言われています。

その後、全国飴菓子《あめがし》工業協同組合が「3月14日はキャンデーを贈る日」と定めました。2年の準備期間を経て、1980年3月14日、正式に第1回ホワイトデーがスタート。**「愛にこたえるホワイトデー」**というキャッチコピーの下、銀座三越でキャンディの即売会が開かれました。

ホワイトデーの定着には10年近くの年数がかかりました。しかし、スタートからおよそ35年たった2014年には、市場規模は約730億円にまでなっています。

同年のバレンタインの市場規模である約1080億円に比べると少ないですが、大きな市場であることに間違いありません。

また日本で進化したバレンタインデー、ホワイトデーは韓国《かんこく》、中国《ちゅうごく》、台湾《たいわん》など東アジア諸国にも形を変えながらも広がっています。

第二章　あの掃除機が売っているモノ

――得することを提示する

お母さんにボイスレコーダーを売る方法

会議やインタビューなどの録音に使うボイスレコーダー。一般的にはビジネスマンが使うアイテムだと思われがちです。実際にメーカー各社のサイトを見ても、ほとんどがスーツ姿のビジネスマンの写真がビジュアルで使われています。

そんなボイスレコーダーを働くお母さんに向けて売って、バカ売れした会社があります。それが「ジャパネットたかた」です。

ジャパネットたかたは、テレビショッピングによる家電の通販で急成長した長崎県佐世《させ》保《ぼ》市に本社がある会社です。創業者で元社長の髙田明《たかたあきら》さんのハイテンションなMCで一躍有名になりました。

そんな髙田さんがテレビショッピングで、働くお母さん向けにボイスレコーダーを売ろうと考えました。その時、どんな言葉を使ったのでしょう？

それは以下のようなものでした。

自分が働くお母さんの立場になって聞いてみてくださいね。

「お母さんがまだ会社で働いてるあいだにお子さんは学校から帰ってきますね。お母さんがいなくてちょっとさびしい。

でもボイスレコーダーにこんなメッセージが吹き込まれていたらどうでしょう？

○○ちゃん、お帰りなさい。お母さん、まだ会社だけど、おやつは冷蔵庫に入っているからね。宿題は早めにちゃんとやってね。

……どうですか？　こんなお母さんの声を聞いたら、お子さんは喜びます。さびしさも少しやわらぎます」

自分が働くお母さんの立場になって聞いてみると「なるほどそんな使い方があるんだ」と改めて思ったのではないでしょうか？

実際、この放送は大反響を呼び、ボイスレコーダーはバカ売れしました。

通常、このような商品を売る場合は、録音時間や音のクリア度など機能やスペックを訴えることが普通です。しかし、お客さんは機能やスペックではなく「その商品を買ったら、自分の生活にどんないいことがあるか」に興味があったのですね。

現在、ジャパネットたかたでは、このボイスレコーダーをシニア向けに売っています。

物忘れが多くなった人に向けて、用事をレコーダーに吹き込んでおけば「忘れるというトラブル」を防ぐことができますよ、という提案です。

この新しい提案によってボイスレコーダーは、今まで需要がなかったシニア層からの注文が殺到したと言います。

自分に「得」があれば人は関心を寄せる

序章から繰り返してお伝えしている「キャッチコピー力のたった1つの大原則」を覚えているでしょうか？

それは受け手に「自分と関係がある」と思ってもらうということでした。

ジャパネットたかたが働くお母さんやシニア向けにボイスレコーダーを売った事例は、まさに受け手が自分と関係があることに気づいたからにほかなりません。

本章では「何を言えば、相手は自分と関係あると思うようになるか」の2つ目の要素をお伝えします。

それは相手の「得になる情報」を提示することです。

「自分に得する情報」があると思うと、受け手は「自分に関係がある」と思いやすくなります。自分にあてはめてみれば当たり前ですよね。自分が得する話だったら、読んだり聞いたりしてみようかなと思います。

なぜ、「焼あごのだし」に女性客が群がるのか？

東京であれば六本木《ろっぽんぎ》の東京ミッドタウンの地下で。大阪であれば梅田のグランフロント大阪の地下で。女性客でいつもあふれている食料品店をご覧になったことはないでしょうか？

平日の昼間でもレジは大行列。多くの人が買っているのは、焼あご、かつお節、真昆布、うるめいわし、海塩を粉末状にしてパックした「だし」です。一般的に考えるとかなり高いにもかかわらずバカ売れしています。

この店が「茅乃舎《かやのや》だし」で有名な久原本家《くばらほんけ》　茅乃舎です。

久原本家グループは、もともと福岡県糟屋《かすや》郡久山町《ひさやままち》（当時は久原村）にあった伝統のある地場の醬油《しょうゆ》蔵が発祥です。そこから食品メーカーの下請けでラーメンスープや餃子のたれ、ドレッシングなどの商品を製造するようになりました。

売上げは大きく伸びたものの、下請けなので消費者にはまったく認知されません。このままでは未来がないと、大きな転換を行います。2005年、総工費4億円をかけて「自然食レストラン茅乃舎」を開業したのです。

看板メニューの鍋料理が評判になり、お客さんが「だし」の秘密を必ずと言っていいほど聞いてくるようになりました。それだけ聞かれるのであればと、家庭用に使えるように商品化に着手します。九州《きゅうしゅう》では高級食材として知られる焼きあごを中心に、天然素材を配合した紙パックにしました。

当初はヒット商品になるとは思いもよらず、こっそりと通信販売をしていただけでした。それが口コミでどんどん売れているのを聞きつけ、六本木の東京ミッドタウンからテナントとして入ってほしいとの依頼が来ます。

「東京でうちの商品が売れるわけがない」と何回も断りました。しかし担当者の熱心さに負けて東京進出を決断。通販のためのアンテナショップと割り切り赤字覚悟での出店でした。しかし初日から予想の何倍ものお客さんが押し寄せ、想定の5倍以上のバカ売れになりました。

通販を通して、「茅乃舎だし」にはすでにたくさんのファンがついていました。リアルな店舗ができると聞いて、そのファンたちが押し寄せたのです。

そんな茅乃舎だしの通販サイトでのキャッチコピーは以下の通りでした。


味は料理店並み。手間はインスタント並み。


料理店並みの味が、インスタント並みの手間でできるのですから、料理を作る立場になると「お得」ですよね。対句（P210参照）にもなっているので印象に残ります。

実際買って使ってみると、本当に料理の味が格段においしくなったので、多くのお客さんがリピーターになったのです。

そしてその好循環が現在も続いています。

ドリルではなくドリルの穴が重要

広告業界ではこの「自分が得する」ことをベネフィット（benefit）と呼びます。ただ

「得」というと、金銭的なことばかりを考えがちですが、必ずしもそうではありません。お金以外のベネフィットもいろいろと存在します。

ジャパネットたかたのボイスレコーダーの販売を見た働くお母さんたちは、「子供とコミュニケーションが取れる」というベネフィットを感じたから、商品を買ったのです。

茅乃舎だしに群がる女性客は、「インスタント並みの手間で料理店並みの味」を実現できるというベネフィットを感じたから、少しくらい高くても商品を買うのです。

お客さんが商品やサービスを買うのは、その「モノ」自体ではなく、商品やサービスを通じて得られるベネフィットであることがほとんどです。

マーケティング界で著名なセオドア・レビット博士は、その著書『マーケティング発想法』（ダイヤモンド社）で以下のように述べています。


なぜ人は製品を購入するのか。レオ・マックギブナは、かつてこう言った。

「昨年度、四分の一インチ・ドリルが一〇〇万個売れた。これは、人が四分の一インチ・ドリルを欲したからではなくて、四分の一インチの穴を欲したからである。」

人は製品を買うのではない。

製品のもたらす恩恵（ベネフィット）の期待を買うのである。

人は製品やサービスのためにカネを払うのではなくて、買おうとしているものが自分にもたらすと信じる価値の期待値にカネを払うのである。

四分の一インチの穴を買うのであって、四分の一インチ・ドリルを買うのではない。


要は**「ドリルを買おうとする人は、ドリルそのものではなく穴を求めている」**ということで、この「ドリル穴」こそがベネフィットだと言うのです。

私はさらにこのベネフィットを発展させて、「商品を通じて得られる未来のハッピー」という風にとらえています。

人は商品そのものを買うのではなく、その先にある自分のハッピーを買うのです。

ドリル穴から、それぞれの人が得られる具体的なハッピーこそが本当のベネフィットだと考えています。

腕時計は機能だけでは選ばれない

1行でバカ売れするには、キャッチコピーで、相手のベネフィットになることを訴求する必要があります。

ベネフィットは、大きく分けると、「機能的ベネフィット」「感情的ベネフィット」に区別することができます。

機能的ベネフィットとは、その商品が持つ機能によって得られる価値や効用のことを言います。私なりに超訳すると「その商品を使うことによって得られる具体的なハッピー」です。重要視されるのは「性能」「スペック」「原材料」などです。

感情的ベネフィットとは、その商品を手に入れることによって得られる感情的な価値のことを言います。私なりに超訳すると「その商品を手に入れることによって得られる形のないハッピー」。重要視されているのは「デザイン」「質感」「物語」「ブランド」などです。

たとえば、腕時計を例にあげてみましょう。

腕時計の機能的ベネフィットは「正確な時刻がわかる」「時間の表示が見やすい」「軽い

など着け心地がいい」などです。

一方、感情的ベネフィットは「デザインが好き」「身につける満足感」「経済力を表現」などです。一般的に高級時計などを身につけるのは、この「感情的なベネフィット」が手に入るからです。

アップルウォッチは、もちろん機能的なベネフィットも高い商品ですが、早々に手に入れた人たちの多くはそれ以上に感情的なベネフィットを求めて購入したものと思われます。特に日本では、アップルの新商品を持っている人は「流行の最先端を追っている」人の象徴という面もあります。

これはあくまで個人的な感想ですが、アップルウォッチに限らず、パソコンなどでアップル製品を使っている人の多くは、機能的ベネフィットよりもこの感情的ベネフィットで買っているように思います。

高級車が売れに売れた伝説の1行

キャッチコピーに、ベネフィットがわかる言葉を入れることは「売り」につながります。

現代広告の父と言われるデイヴィッド・オグルヴィも著書『ある広告人の告白』（海と月社）で、以下のような趣旨のことを述べています。

「キャッチコピーには必ず読者のベネフィットを訴えるべし」

そんなオグルヴィの代表作に高級車ロールスロイスの新聞広告があります。
住宅街の道に駐車しているロールスロイスの写真に、以下のキャッチコピーが書かれていました。

時速100キロメートルで走行中の新型ロールスロイスの車内で、
一番の騒音は電子時計の音です。

"At 60 miles an hour the loudest noise in this new Rolls-Royce comes from the electric clock"

この広告は、ロールスロイスの室内が静かであるという機能的なベネフィットを提示しながら、ステータスという感情的なベネフィットを刺激するものになっています。

この広告キャンペーンはアメリカ中で話題になり、ロールスロイスの翌年の売上げは50%アップになりました。


また、アメリカの代表的なチョコレートであるエムアンドエムズ（M&M'S）の有名なキャッチコピーも商品が持っている機能的ベネフィットを的確に言い表したものです。

USP（Unique Selling Proposition＝他社にない強みを押し出す宣伝戦略）の提唱者でもあるコピーライターのロッサー・リーブスは、1954年エムアンドエムズの社長から広告の制作依頼があった時に、そのアイデアを10分で思いついたといいます。

そしてできた有名なキャッチコピーが以下のものです。

お口でとろけて、手にとけない
Melts in your mouth, not in your hand.

もともとエムアンドエムズチョコレートのアイデアは、創業者のフォレスト・マースが第二次世界大戦下のスペインを訪れた時に思いついたものです。兵士たちが砂糖でしっかりコーティングされたチョコレートを食べていました。こうすることで夏でもポケットでチョコが溶けるのを防いでいたのです。

アメリカに戻ったマースは、友人のブルース・ムリーと一緒に会社を設立（エムアンドエムズは2人の名字の頭文字をとったもの）します。

このコピーは、商品がそもそも持っていた機能的なベネフィットをひと言で言い表したものでした。この1行を使ったCMで、エムアンドエムズはとても売れ、その知名度は全米で一気に高まったのです。

あの掃除機が売っているモノの正体

機能的ベネフィットを前面に出したキャッチコピーでヒット商品を出している家電メーカーがあります。イギリスに本社があるダイソンです。

掃除機にあまり興味がない人でも、ダイソンのCMのキャッチコピーは記憶に残っているのではないでしょうか？

それは、以下のものです。

ダイソン。吸引力の変わらない、ただ一つの掃除機。


使ったことがない人は、ダイソンは吸引が非常に強い掃除機だという印象を持ちます。

しかし実は、吸引力に関してそんなに強いというワケではありませんでした。

あくまで「吸引力が変わらない＝紙パックが不要」というベネフィットをうたったキャッチコピーなのです。そして他の掃除機とまったく違うということを訴求しました。

このキャッチコピーによりダイソンは、日本市場でのブランドを瞬く間に確立し、掃除機はバカ売れしました。

同じくダイソンが発売している扇風機のキャッチコピーも、製品の機能的ベネフィットを直接表したものです。


羽根がない、つまり安心。

テレビCMでは小さな女の子が、従来の扇風機の羽根がある部分に手を入れ安全性を強調しています。

クルマが感情で売れた時代

機能的ベネフィットの例が続いたので、感情的ベネフィットで売れた事例をご紹介しましょう。

たとえば自動車は本来移動の手段です。機能的には、価格、速さ、馬力、スペース、燃費、安全性などの要素のみで購入が決まるはずです。しかしながら、これらの要素だけで購入が決まるわけではありません。

「デザインが好き」「何となく安心感がある」「運転していてワクワクする」「ステータスを感じる」など情緒的なベネフィットによって購入が決まるケースも多いのです。

1983年、トヨタ自動車が7代目クラウンのテレビCMに使ったキャッチコピーが、

いつかはクラウン

でした。クラウンは当時トヨタの最上級のセダンでした。当時はまだ乗っているクルマがステータスをあらわす時代だったのです。クラウンに乗っているのは会社でも役員クラス。まだバブル前の頃、がんばって働いていたら、いつかはクラウンのような高級車に乗れるくらい出世できるかもという高度成長時代の神話にフィットした1行でした。

１９９９年日産自動車のミニバン・セレナのテレビＣＭに使われたキャッチコピーは、

モノより思い出

でした。セレナが持っていた機能的ベネフィットよりも、「家族との思い出を作る道具としてのクルマ」という感情的ベネフィットを訴求した1行でした。

このＣＭの効果もあり、セレナは大ヒットしたのです。

バレンタインのブルーオーシャン

ブラックサンダーというお菓子をご存じでしょうか?

有楽製菓《ゆうらくせいか》(本社東京都小平市《こだいら》)が1994年から発売しているココア風味のクランチをチョコレートで固めた商品です。1つ30円程度と非常に安い商品ですが、ここ10年で売上げを10倍以上伸ばしていて有名人にファンが多いのも特徴です。

もともと大学生協を中心に売られてきたこともあり、学生たちを中心に口コミで人気が広がっていました。2005年に発売されて話題になった『生協の白石《しらいし》さん』(白石昌則《まさのり》・著、講談社《こうだんしゃ》)に取り上げられたことで一気に知名度が高まります。北京《ペキン》オリンピックがあった2008年には、体操の内村航平《うちむらこうへい》選手の大好物として知られるようになり、売上げが急上昇しました。

そんなブラックサンダーが、2013年からバレンタインで展開しているキャンペーンがネットを中心に話題を呼んでいます。

そのキャッチコピーが以下のものです。

一目で義理とわかるチョコ

この1行は商品にもしっかり表示されています。また新宿駅《しんじゅく》などに掲示された広告ポスターにもこのキャッチコピーだけが大きくドカーンと書かれていました。

現在のバレンタインデーは、働く女性にとっては本命チョコよりも、むしろ職場などで配る義理チョコの方が頭を悩ます問題でしょう。

多くの菓子メーカーが「本命チョコ」にしてもらうためにアピールしている中で、あえて「義理チョコ」だとアピールするのは、まさにブルーオーシャンです。

また「一目で義理とわかるチョコ」というのは、買う側の女性にとってももらう側の男性にとっても、変な気をつかわせずにすみ非常にわかりやすく好都合です。特に女性にとっては「変な誤解はされたくない。完全に義理チョコであることを伝えたい」という根強い需要にこたえたものになっています。

チョコ自体のおいしさやクオリティなどにはまったく触れず、この情緒的なベネフィットを提供することに集中しつづける有楽製菓の戦略は大ヒットします。特にネットでは大きな話題になりました。

２０１４年バレンタインデーにむけて、有楽製菓は「義理チョコショップ」を東京駅の地下街にオープンします。

売り切れてしまう日も続出するくらいの人気で、19日間で計3万５０００個がバカ売れしたのです。

誰もが欲しがる安・楽・短

この本を読んでくれている皆さん。

ダイエットに挑戦したことがありますか？

最後までやり遂げることができましたか？

書店でダイエット本が並んでいるコーナーに行ってみてください。いかにたくさんのダイエット本が置かれているかに驚くことでしょう。

そしてそのほとんどの本が、いかに簡単にダイエットが実現できるかを争うように訴えています。

たとえば、ネット書店「アマゾン」で「○○だけダイエット」を検索してみましょう。以下のような本が表示されてきます（これでもほんの一部です）。

『巻くだけダイエット』
『貼るだけダイエット』
『「噛むだけ」ダイエット』
『10秒乗るだけダイエット』
『計るだけダイエット』
『「読む」だけダイエット』
『CD聴くだけダイエット』
『朝20秒だけダイエット』
『食べるだけダイエット』

一般的にダイエットに成功するには、どんな手法であっても根気強く地道にやっていく以外に継続した効果は出ない、と考えるのが合理的です。

にもかかわらず、いかにも簡単にダイエットが成功できそうな本が多数出ています。

それは、人間はスキさえあれば怠けたい楽したいと思っている怠惰な生き物だからです。本音では同じ結果を得られるのであれば、「楽」「安い」「短期間」「早い」「簡単」などの方がいいと思っています。

「ダイエットしたい」「勉強したい」「自分を変えたい」と思っても、大抵の人は数日でやめてしまいます。理想や上昇志向はあっても大変な思いをするなら最初からやめておこうと思ってしまうのです。

なので、商品を売る時には、最初のハードルをできるだけ下げ、お客さんに「これなら続けられそうだ」と思ってもらうことが大切です。

先ほど挙げたダイエット本は、そのことを知っているので、いかに手軽にできるかをタイトルでアピールしているのですね。

もちろんこれは、ダイエット本に限ったことではありません。商品を売る時には、どれだけ「楽で簡単」に「短い期間」でベネフィットが達成できるかを訴求した方が売れやすくなります。もちろん「安い」ということも重要なキーワードです。

つまり、安・楽・短でベネフィットが得られることを伝える必要があります。

「1日あたりわずか50円」（安）
「毎日3分の簡単なエクササイズをするだけ」（楽）
「わずか1週間で効果を実感できます」（短）

ただし、あまりに現実離れした「安・楽・短」では、信用してもらえないばかりか、詐欺にもなりかねませんので注意してください。

儲け話になぜ人は騙されるのか？

確かに売り手側からすると「ベネフィット」を提供することが売りにつながります。しかし買い手の立場で考えると、「ベネフィット」を提示されると心が動きやすいということも留意しておく必要があります。

ここ数年、数字選択式宝くじ「ロト6」をめぐる詐欺が急増しているといいます。その多くは非常に単純な手口です。

たとえばある日、電話がかかってきて以下のようなことを語るのです。「我々は事前にロト6の当せん番号を知るルートがあります。嘘だと思うなら明日発表のロト6の当せん番号を教えます。朝刊で確認してください」。電話を受けた人は翌日の新聞を見ると同じ番号が載っているので信用してしまい、高いお金を出してその情報を買ってしまうのです。

ターゲットは、ネットで当せん番号が発表されているのを知らないような高齢者が多いそうです。リアルさを出すために1等ではなく2等の当せん番号を教えると言ったり、一度外れても「今回は手違いですいません。次回は必ず」と言って再び振り込ませたりするといいます。

普通に考えれば、宝くじの番号が事前にわかることは絶対にあり得ません。もし万が一わかったとしても、それを誰かに知らせてくることは絶対にありません。

しかしこれはロト6に限ったことではないのです。金融詐欺や投資詐欺など、なぜ引っ掛かるのか？　と思うものに、人は引っ掛かってしまいます。被害者は情報に弱い高齢者だけではありません。ある程度、情報リテラシーがあるような人間も被害者になることが多いのです。

それだけ人は「自分が得する情報」に弱いということです。

第三章　いくつになってもモテたいのは、なぜ？

——欲望を刺激する

もし必ずモテる薬が発明されたら

この本を読み進めてくれているあなた。

想像してみてください。

もし「飲めば必ずモテる薬」が発明されたとしたら、あなたはその薬を買いたいと思うでしょうか？

「不特定多数からモテる」でも「思いを寄せる特定の人からモテる」でも、あなたが求めているモテ方でかまいません。

モラル的な意味合いで買いたくないと思った人もいるかもですが、多くの人はこっそり手に入るのならば買いたいと思うのではないでしょうか？

では買いたいとすればその薬にいくらまでならば支払いますか？

もちろん人によってそれぞれでしょう。

ただ経済的に余裕があれば何千万でも何億でも出す人もいるのではないでしょうか。

それくらい「モテたい」という思いは強い。

この本を読んでいるあなたも、男女問わず年齢にかかわらずきっと心の底では「モテたい」と思っているはずです。

では「人はなぜモテたいのか？」を考えてみたことがありますか？

その答えをお話しする前に、人間の「欲求」「欲望」について少し考えてみましょう。

10の欲望を刺激せよ

あなたは、「モテたい」以外にも、普段は口に出しておおっぴらに言えなくても、きっと何かしら「欲求」「欲望」を抱えて日々生活しているはずです。

この心の奥底にある「欲求」「欲望」を刺激して、商品やサービスに結びつけると、売りにつながることが多いのです。

そもそも広告は、「人々の心の奥にある〝欲望〟を目覚めさせ〝あなたが望んでいるのは、この商品でしょ？〟と呼びかけるものである」と言えるでしょう。

人間の「欲求」「欲望」の分類の仕方はいろいろあります。

本書ではいろいろな説を参考にしながら、その中で売りにつながる欲望を私なりに分類してみました。それが以下の「売りにつながる10の欲望」です。

以下、欲望の英語 Desire の頭文字と数字の10を合わせてD10（ディーテン）と略すことにします。

売りにつながる10の欲望（D10）

①「健康・長生きしたい」
②「セックス欲」
③「食べたい飲みたい」
④「安全安心安泰でいたい」
⑤「気持ちいい刺激がほしい」
⑥「美しくありたい（カッコよくありたい）」
⑦「愛されたい愛したい」
⑧「お金持ちになり豊かな暮らしがしたい」
⑨「社会的に認められたい」

⑩「自己達成したい」

もしあなたが自分の商品やサービスを売りたいとしたら、まずこのＤ10を刺激できないかを考えてみましょう。

もちろんこれ以外にもいろいろな欲求や欲望を持っているという方も多いでしょう。たとえば「物欲」「知識欲」「支配欲」「模倣欲」「好奇心」「節約したい」「情報を整理したい」「運動能力をあげたい」などなどです。

それらの「欲求」を刺激することで「売り」につながる場合も多々あります。しかしＤ10は、意識するしないにはかかわらず人間が持つ根源的な欲求なので、一般的により売りにつながりやすいのです。

これらの感情が刺激され心が動くと、人はその商品に興味を持ちます。感情がたかぶったところに、商品のクオリティやベネフィットの部分をきちんと訴求すれば、その商品を買ってくれる可能性は大幅に高まります。

大切なのは、商品そのものの長所を訴求するのではなく、その商品を買ったり使ったりした時に、Ｄ10の欲望がどれだけ満たされるかをイメージできるようにすることです。

なぜ人はモテたいのか？

この章の冒頭でお話しした、「人はなぜモテたいか？」に話を戻しましょう。

それはなぜでしょう？

これは「モテる」と、前述したD10のいろいろな欲望を満たしてくれそうなイメージが湧くからだと考えられます。

まず、⑦「愛されたい愛したい」が満たされそうです。

モテると刺激もありますから、当然、⑤「気持ちいい刺激がほしい」も満たされ、関係が深まれば、②「セックス欲」も満たされるに違いないと想像します。

それだけではありません。

モテるというのは「自分から誰かを好きになる」というのとは違います。つまり自分が傷つくことはないので、④「安全安心安泰でいたい」も満たされるのです。

また現代社会においては「モテる」ということは一種のステータスでもあります。単純に恋愛という部分だけでなく、⑨「社会的に認められた」ことにもなるのです。特にモテる相手のルックスやその他の付加価値が高ければなおさらです。

このように「モテる」という事象の中に、Ｄ10の中のいろいろな欲望を満たしてくれる可能性を感じるので、人は男女問わずいくつになっても「モテたい」と思うのです。

つまりこういうことです。

あなたが何か商品を売ろうとする時、それを使えば「モテる」ことをイメージさせられないか考えてみましょう。うまくイメージをつなげることができれば、その商品に興味を持ってもらえるはずです。人間が持っている根源的な欲望を刺激しているからです。結果として売れる確率が高まるのです。

女性が必ずメロメロになるスプレー

この「モテる」だけに特化して訴求することで、世界的にバカ売れしている商品があります。それがユニリーバの男性用フレグランスボディスプレー AXE（アックス）です。

キャッチコピーは一貫して「アックス効果（The AXE Effect)」。

つまり、「アックスをつければモテる」という、シンプルなメッセージを訴えつづけているのです。

アックスは1983年にフランスで生まれた世界的なブランドです。日本で「アックス フレグランス ボディスプレー」が発売されたのは、2007年3月のことでした。

この時のテレビCMは非常にインパクトがありました。

まず発売の1週間前からはいわゆるティーザー広告（予告編的広告）を大量投下します。自然のままの孤島を舞台に、何人ものビキニ姿の白人女性が森の中を走り続けています。まるで獲物を追う肉食獣のような表情です。その映像に合わせて「3月5日」「全てを目撃する」「AXE 3・5日本上陸」の文字が躍る、まさに映画の予告編的なCMで何の商品の宣伝かもわからない内容でした。

さらに発売日からは、CMの全貌が明らかになります。ビキニ姿の白人女性は実はもっともっと大勢いたのです。森の中からだけでなく、崖《がけ》を下りてきたり、海から泳いできたり。驚くほどの数です。

狙う獲物は浜辺にいるただひとりの男。彼は裸の上半身にアックスのスプレーを振りかけていました。つまりアックスの匂いにひかれてこれだけの大勢の女性が押し寄せてきたというストーリーだったのです。

締めのコピーは、

香りは男の武器になる。

この大がかりなエンターテインメントなＣＭで認知度は一気にあがりました。

ＣＭ以外のプロモーションの効果もあり、アックスは日本上陸早々からバカ売れしました。たった数か月で日本の男性フレグランス市場において一気に圧倒的トップブランドになったのです。

その後もアックスは匂いだけで女性がメロメロになるというアックス効果をひたすら訴求しつづけています。

アックスは「モテたい」というＤ10のいろいろな欲望を刺激しつづけることで、売れつづけているのです。

人間の欲が一番わかる身近な場所とは？

いかに人間がD10を持っているかがわかる身近な場所があります。

どこでしょう？

それは書店です。

嘘だと思ったら、書店に行って置いてある「本のタイトル」を見てみてください。

本というと、「文芸書」「学術書」が多いイメージですが、多くは実用書です。

そしてそのタイトルを見れば、多くがD10に絡む内容になっていることがわかるでしょう。特に幅広い年代でベストセラーになっている本の多くはD10をテーマにした本が多い傾向にあります。

その方が売れやすいテーマだからです。

ちなみに日本最大の取次（本の問屋）である日本出版販売が発表している、2014年度ベストセラー総合ベスト10のうち、小説などのフィクションや宗教系の本を除いた書籍のタイトルは以下の通りです。

『長生きしたけりゃふくらはぎをもみなさい』
『人生はニャンとかなる！　明日に幸福をまねく68の方法』
『学年ビリのギャルが1年で偏差値を40上げて慶應大学に現役合格した話』
『まんがでわかる7つの習慣』
『こころのふしぎ　なぜ？どうして？』
『嫌われる勇気　自己啓発の源流「アドラー」の教え』

どうでしょう？　逆説的なものも含め、ほとんどがD10を連想させるタイトルになっていますよね？

欲望をベストセラーにした男

このように人間の持つ欲望や欲求を書籍づくりの現場に導入して、第二次世界大戦後の出版業界でベストセラーを連発した男がいます。

それが、神吉晴夫《かんきはるお》です。

神吉は戦前に講談社に入社し、戦後別会社として設立された光文社《こうぶんしゃ》に創立メンバーとして参加しました。神吉は、戦前からある岩波《いわなみ》新書に対抗して、わかりやすさに重点を置いた新書の刊行を企画し、1954年カッパ・ブックスを創刊します。

カッパがラッパを吹いているイラストが有名なこの新書は、当時としては大きい9ポイントの活字で印刷され、本の裏表紙に著者の写真と略歴を入れる装丁も画期的でした。

それまで日本の書籍は一般的に、有名作家や学者が自分の書きたいテーマを書くというものが多数でした。しかし神吉は、著者の有名無名を問わず、編集者による企画先行の本作りを手がけたのです。


カッパ・ブックスが創刊されると瞬く間にベストセラーを独占しました。創刊翌年の1955年には年間ベストセラーランキングの上位10冊のうち4冊を独占。その中でもランキング2位に入った『欲望〜その底にうごめく心理』（望月衛《もちづきまもる》・著）は、まさにタイトルずばり「性や食の欲望」について書かれた本です。

この本の新聞広告でのキャッチコピーは、

毎日の欲望を満たし、幸福な方向への欲望のテクニック、
処理の仕方を……

でした。

前述の売りにつながるD10でいうと、①②③④⑤のいずれをも連想させる1行になっています。

このタイトルやキャッチコピーによって、『欲望』はバカ売れして45万部のベストセラーになりました。

その後も、カッパ・ブックスはベストセラーを連発し、1961年には初のミリオンセラーが生まれます。それが『英語に強くなる本〜教室では学べない秘法の公開』（岩田《いわた》一男《かずお》・著）です。

これは前述のD10で言うと⑨⑩の欲求を刺激するタイトルです。

○○のように売れる本の正体

『英語に強くなる本』は、8月1日の発売当初から売り切れになる書店が続出し追加注文が殺到しました。その結果、大増刷になり発売10日後には朝日新聞に全5段の新聞広告がうたれます。

その後、『週刊新潮』で特集が組まれ、その時に載った書店関係者のコメント「パンが売れるように売れるんです」を基に新しいキャッチコピーが生まれました。

それが、

パンのように売れる。

でした。

実際の新聞広告には以下のような形で使われました。

「20万部突破・全国ベストセラー第1位——『パンのように売れる』と評判」
「50万部突破…新学期の学生の間で引っぱり凧《だこ》——パンのように売れる本です」

このキャッチコピーは新聞だけでなく、電車の中吊《なかづ》り広告にも採用され、バカ売れに拍車がかかりました。

その後、立てつづけに新聞広告がうたれます。

「65万部突破　教室では学べない秘法の公開」
「95万部突破…電車の中でも英語ブーム」
「100万部突破！　日本出版界の新記録が出ました」

こうして発売からわずか2か月半の10月20日には、100万部を突破するミリオンセラーになりました。神吉は、読者の心の中にひそんで眠っていた「私も英語が強くなりたいという欲望」を広告によって目覚めさせたのです。

あほうで大胆不敵な宣言

欲望を刺激して売る、という話からは少しズレますが、このカッパ・ブックス、個々の本のタイトルやキャッチコピーだけでなく、レーベル全体のキャッチコピーもすごいとしか言いようがありません。

それが、

カッパの本はみんなヒットする

です。

実はこのフレーズ、神吉がまだ講談社の社員だった頃に知った、アメリカの出版社のキャッチコピーをヒントにしていました。いつか使ってやろうと30年間ずっと温めてきたものだったといいます。

この宣言が途方もないことは、神吉自身承知の上で、自らの著書（『現場に不満の火を燃やせ：ビジネスマン入門』オリオン社）で「これは実に大胆不敵というか、あほうか、気ちがいでもなければ、こんなことは言いません」と語っています。

ただそうやって宣言することにより、神吉は、自社で出版する本の企画が、果たしてこのキャッチコピーに応《こた》え得るものであるか、社員と一緒に必死に研究したといいます。そうせざるを得ない環境に自分で自分を追い込むための1行でもあったのです。

このように「言い切ることによって言葉が強くなる手法」については、第六章で詳しく解説します。

神吉はタイトルやキャッチコピーの重要性を、当時の出版人の誰よりも知っていたといえるでしょう。

セックスは本当に売れるのか？

人間が持っているいろいろな欲望の中でも「セックスに関する欲望」は非常に強いものです。生物としては子孫を残すということは一番重要なことなので、そのための手段であるセックスには自然と関心が向いてしまうのです。

広告業界には昔から「SEX SELLS（セックスは売れる）」という言い伝えがあります。直接的であれ間接的であれ、セックスを連想させるような言葉やビジュアルを使うと売上げがあがることが多いからです。

テレビＣＭを見ていると、そのことが実感できます。直接セックスを連想しなくても、性的なニュアンスが感じられるＣＭが多いことに驚くでしょう。

高級アイスクリームのハーゲンダッツは、長年にわたってセクシーで官能的なＣＭをオンエアしていました。外国人の男女が絡み合い、最後は「Shall we Häagen-Dazs?」（「一緒にハーゲンダッツしない？」）と誘いかけるもの。

これは、それまでの「アイスクリームは子供が食べるもの」という認識を、「大人の高級アイスクリーム」に変えるという戦略から制作されたものでした。その狙いは当たり、ハーゲンダッツは大人に売れるアイスクリームになったのです。

ここ数年は女優の柴咲《しばさき》コウさんを起用して、かなり路線を変えたＣＭをオンエアしています。ただ２０１４年にオンエアされたチョコレートブラウニーのＣＭがセクシーだと評判になりました。ベッドで横になっている彼女が、こちらを向いてキスをすると思わせるしぐさから、ハーゲンダッツを一口食べるという内容です。

キャッチコピーは、

キスより、濃厚。

でした。

このように商品と関係なくセックスを連想させる広告はよくあります。なぜそのようなCMを流すかというと、視聴者が興味と関心を持って見てくれる時間が長くなるという理由からです。

長く見てくれるということは、必然的に商品についても記憶が残りやすくなります。また、刺激的な映像を観ると、人間は感情がたかぶります。そのたかぶりと、商品への欲求が一緒になってしまうことがあるのです。

さきほどのハーゲンダッツの例でいうと、官能的な映像を観て、気持ちが高まったのを、アイスクリームが欲しいという気持ちになっていると脳が錯覚するというのです。

この手法は広告業界ではよく使われています。確信犯的な場合もありますが、結果としてそう見えてしまう聞こえてしまうという場合もあります。多くの場合、制作側はこっそりこの効果を狙いつつ、公式の場では「そんな風に思われるとは予想もつかなかった」という態度をとります。

最近でもあるカップやきそばのCMで、売り出し中の若手女優が麵《めん》の上にマヨネーズをかけながら博多弁で「全部出たと？」と言うセリフがやらしいと話題になり、その後セリフが差し替えられました（公式には最初から変更する予定だったとのこと）。

少し前には、あるビール風飲料のCMで、人気女優が画面にむかって「リッチしよ」と言っているのが「エッチしよ」に聞こえると話題になりました。

古くは、あるクルマのCMで、当時人気だった女優が、男にキーを投げつけながら言うセリフ「男だったら、乗ってみな。」がセックスを連想させるという苦情があり、「男だったら、キメてみな。」に差し替えになりました。

いずれも制作側は、仮にその効果をこっそり狙っていたとしても、公式の場では「そんな風に思われるとは予想もつかなかった」と表明するしかないのです。

主婦に「セックスは売れる」？

「SEX SELLS」という手法は、セクシーな女性が出てきたり、男女のからみなどが表現されたりするのが一般的でした。前述したアックスやハーゲンダッツのＣＭなどはその典型でした。

しかし最近は、女性向けの商品広告でもこの手法がとられることが増えてきました。

たとえば、アメリカイリノイ州にあるクラフト・フーズ社（世界有数の大手食品会社）から発売されているゼスティ・イタリアンドレッシング（ゼスティ Zesty ＝刺激的な味の意味）の２０１３年のキャンペーンを見てみましょう。イケメンのゼスティガイ（刺激的な味の男）がそのムキムキの体を必要以上に見せるものでした。

テレビＣＭは、ゼスティガイがサラダなどの料理を作るという設定です。野外のキッチンに現れた彼は上着を脱ぎTシャツ1枚になり「レディたち、さぁサラダを作るよ」と言いながら野菜を切りはじめます。野菜の匂いを嗅いだり、料理する手つきも必要以上に思わせぶりです。

やがてフライパンで野菜を炒め、商品のドレッシングをかけはじめます。甘い声で「刺激（Zesty）が欲しいのかい？　もっとかい？」などと意味深にささやきながら料理を続けます。すると最後にフライパンから出た火で彼が着ていたTシャツは燃えてしまい、ゼスティガイのムキムキの裸の上半身が現れるというオチのもの。

キャッチコピーは「刺激を手にいれようぜ（Let's Get Zesty）」です。

雑誌広告では、ゼスティガイがほとんど全裸（局所だけがかろうじて隠れている）で、ピクニックをしているというとんでもないものもありました。

この広告はとても話題になり、商品も売れました。ゼスティガイに扮したモデルのアンダーソン・デイビスさんは、ニュースや料理番組にひっぱりだこになったとのことです（もちろん上半身裸はお約束）。

ただし、不謹慎だと保守系の団体からクレームが殺到し、現在このキャンペーンは終了しています。

「女性の欲望」を肯定する1行

消費をひっぱるのは、多くの場合女性です。

あなたが女性向けの商品を売りたければ、ぜひ参考にしてもらいたい文例集があります。

それが女性誌です。

女性誌は出版社間の競争が激しく、年代や嗜好により読者ターゲットが細分化されています。昔のように定期購読してくれる読者も少ない。販売部数に大きな影響がある表紙のキャッチコピーには各社力を入れています。

女性誌の表紙には、読者の欲望を刺激する1行が書かれている可能性が高いのです。

たとえば、かわいくておしゃれな20代・働き女子のキラキラ★マガジンと称する『CanCam』（小学館《しょうがくかん》）の表紙のキャッチコピーを見てみましょう。

私、一か月でかわいくなれますか!?（2015　1月号）
今の自分のままでモテたい　（2015　3月号）
みんなが鬼買いしてる安カワ♡高見え服（2015　7月号）

思わず「勝手なワガママ言うな」とツッコミを入れたくなるようなフレーズかもですが、いずれも読者の欲望をそのまま肯定した1行になっています。

続いて「新しい40代」のためのファッション&ライフスタイル誌と称する『STORY』

（光文社）の2015年5月号を見てみましょう。
まず表紙のキャッチコピーから。

〝迷い〟の40代に朗報！「1枚でキマる」魔法の服

続いて中身の見出しを見ると以下のような言葉が。

〝感じのいい人〟に加えて、
あわよくば〝オシャレな人〟の称号も欲しいから
このさじ加減で！「はじめましてランチ」の様子見スタイル

「ホントは手抜き♪」がバレないための
ノウハウをこっそり教えます
主力使い果たした金曜日は〝ボーダーの日〟！

マダムっぽくならないと、カッコいいママの間ではもう常識です
異変！　学校BAGの定番が〝モードブランド〟に移行中

まさにワガママな欲望全開な感じがわかっていただけるでしょうか？

女性に買ってもらいたい商品を扱っているあなた（特に男性）は、女性誌は「女性の欲望」を知るために定期的に買っておきたいアイテムです。

「快」を得られるエナジードリンク

人類はずっと自由に大空を飛びたいという思いを持ちつづけてきました。

前述のD10で言うと、⑤「気持ちいい刺激がほしい」欲と言えるかもしれません。

この「欲望」を1行の言葉にすることで、世界で最も成功した飲料ブランドと言われるまでに発展した企業があります。

それがレッドブル社です。

もし飲んだことがなくても名前くらいは聞いたことがあると思います。

レッドブルは１９８４年にオーストリアで創業し、１９８７年から「レッドブル・エナジードリンク」の発売を開始。現在、１６７カ国で販売されており、２０１４年の販売実績は全世界で56億缶にもなっています。

Ｆ１グランプリをはじめいろいろなスポーツのスポンサードをしていることでも有名です。日本にも２００５年12月に登場して以来、急速に市場に浸透しました。

レッドブルのストーリーは、１９８０年代初め、当時アメリカで会社員をしていたオーストリア人のディートリッヒ・マテシッツさんが、『ニューズウィーク』誌に書かれていた日本の高額納税者リストを読んだことから始まります。

１位には、有名なグローバル企業の経営者ではなく、大正製薬《たいしょうせいやく》の会長の名前があり、「リポビタンＤ」というエナジードリンクで財をなしたことが書かれていたのです。

「ここには巨大なビジネスチャンスがある」と考えたマテシッツさんは、いつか自分もエナジードリンクを扱う会社を起業しようと考えるようになりました。

やがてマテシッツさんは、タイのエナジードリンクとライセンス契約を結び、ヨーロッパ向けにアレンジして発売することを決意。オーストリアでレッドブル社を設立しました。

当時、エナジードリンクというジャンルがなかったヨーロッパで、どのように商品のよさを伝えていくかは最大の課題でした。マテシッツさんは、広告代理店でクリエイターをしていた大学時代の友人に声をかけ、キャッチコピーを依頼しました。

友人のクリエイターは1年半にわたって50以上の案を提案しましたが、マテシッツさんはすべて却下します。どの案もレッドブルに最もふさわしい1行だとは思えなかったからです。

ある日、友人のクリエイターは、突然、1行のフレーズを思いつきます。夜中にもかかわらず彼はマテシッツさんに電話をしてそのフレーズを伝えました。すると、電話の向こう側にいたマテシッツさんは一瞬で目を覚まし、「それだ」と答えたと言います。

そしてその1行が、レッドブルを巨大飲料ブランドにしました。

それが、

レッドブル翼をさずける

Red Bull Gives You Wings.

でした。

このキャッチコピーはそれから30年近くたっている現在も使われています。

成分について訴求しているわけでもありませんし、「元気」「疲労回復」などの機能的ベネフィットについてもまったく訴えていません。

「翼を持つ鳥のように大きな世界で羽ばたきたい」という人間が持っている「欲望」を刺激した1行が多くの若者の心に刺さったのです。

あなたの商品の○○は何か?

欲望を刺激して商品を売ろうとする時、何を語れば一番欲望を刺激できるかを考える必要があります。

それがその商品が持っている「シズル」です。

20世紀半ばのアメリカで、販売アドバイザーとして活躍したエルマー・ホイラーは、10万5000もの売り言葉を分析し、それを基に1900万人に実験しました。

その結果、「この視点でフレーズを書けば多くの人が買う」というものを発見し、それを法則化しました。

ホイラーが考えた公式はいろいろとありますが、その中でも以下のフレーズはとても有名です。

ステーキを売るな、シズルを売れ！

Don't Sell the Steak—sell the Sizzle!

この場合のシズルとは、ステーキを焼いた時のジュージューという音のことです。ステーキの場合、お客さんは肉そのものにひかれて食べたくなるのではなく、焼いた時のジュージューという音にひかれて食べたくなる。鰻の蒲焼であれば、そのシズルは香ばしい匂いでしょう。

店がお客さんに売り込むべきなのは「ジュージューという音」「香ばしい匂い」などのシズルだというのです。

このシズルという言葉は、広告業界などに広く浸透しており、特にＣＭなどでは非常に重視されます。

シズルは音や匂いとは限りません。商品の最大のセールスポイントのことです。

ホイラーがその著書（『ホイラーの公式　ステーキを売るなシズルを売れ！』パンローリング）であげている例があります。それはサーディン缶（イワシのオリーブオイル漬けの缶詰）の販売例です。

高級デパートラッドで売られていたサーディン缶はあまり売れませんでした。通常の商品の倍の値段がしたのですが、店員がその差をなかなか説明できていなかったのです。

販売を増やすよう依頼を受けたホイラーは、商品をいろいろと研究しますがなかなか突破口が見つかりません。そんなある日、店員がたくさんのサーディン缶をひっくり返しているのを発見しました。理由を聞くと、このように缶をひっくり返すことで、イワシの乾燥を防ぎオイルを染み込ませることができ、見た目も味もとてもよくなるからとのことでした。

これこそがこの商品のシズルだと感じたホイラーは、以下のキャッチコピーを考案します。それが、

ラッドのサーディン缶は、月に一度宙返りさせられます。

でした。

この1行は、お客さんの好奇心を刺激しました。なぜ宙返りさせられるかの理由を店員に聞きます。すると店員はその理由を得々と語って聞かせるのです。

この1行によって、このサーディン缶はバカ売れしました。

そのデパートの歴史がはじまって以来の新記録で、高価なサーディン缶が2週間で在庫のすべてが売り切れてしまったのです。ホイラーは「サーディンを売らずに、宙返りを売った」のです。

ホイラーは、このエピソードを以下のような教訓で締めくくっています。

「あなたの商品の中に隠されている宙返りを探し出せ！」と。

もちろんこれは食品だけの話ではありません。

たとえば、カシミヤのマフラーを店頭で売る時のことを考えてみましょう。

この商品のシズルはおそらく首にまいた時の肌ざわりです。なので、お客さんにカシミヤであることを説明するよりも「ほらちょっと触ってみてください。どうです？　肌ざわりが全然違うでしょう？　首にまくとまたすごいんです。一度まくだけまいてみます？」

とシズルを強調して語りかける方が何倍も売上げがあがるはずです。

ほとんどの商品には何らかのシズルがあります。そのシズルを探してお客さんの欲望のスイッチを刺激しましょう。

あなたの商品は自然と売れるようになります。

第四章　悩みやコンプレックスの経済効果

——恐怖と不安でやさしく脅す

なぜこの広告をクリックしてしまうのか？

この本をさらに読み進めてくれているあなた。

ネットを見ていて、こんな1行が書かれているバナー広告を思わずクリックしてしまったことはありませんか？


「何をしてもダメだった薄毛が……」

「自分では気づかない加齢臭、どうすればいい？」

「肥満があなたの命を縮めるこれだけの理由」

「歯が黄ばんでいる人、限定」

「諦めていた毛穴の悩みに……」

「夫さえ、思わず二度見。75kgの私が」

なぜあなたはクリックしてしまったのでしょう？

それはあなたが何となく気にしていた悩みだったからではないでしょうか？

どんな人でも、自分の容姿や体に何かしらの悩みやコンプレックスを持っています。

だから、どうしても自分の容姿や体の悩みやコンプレックスを解決してくれる「商品」のバナー広告があると、ついつい目が行ってしまうのです。

なぜ人はこのような悩みやコンプレックスを持つのでしょうか？


想像してみてください。

もし自分が無人島でひとりで生きているとしたら。

どんなに容姿や体にコンプレックスがあっても悩みを持つ必要はないでしょう。

悩みを持つのはそれによって「まわりの人から嫌われたり愛されないのでは」と恐れるからに他なりません。

言いかえれば、人から嫌われたり愛されなかったりすることに対する「恐怖」「不安」が悩みの本質なのです。それは集団生活を基本とする人間にとってとても大きな問題です。

そして「恐怖」「不安」は人を購買へと向かわせます。

「得したい」より「損したくない」

「恐怖」「不安」で売るというと、大げさにあおっていらない物を買わせると思われる方がいるかもしれません。

この章の趣旨はそういうことではありません。

当然、この手法で人を騙《だま》すような劣悪な商品を売りつけるのは論外です。

確かに人間には「損失回避」「損失嫌悪」という性質があります。「得したい」という欲求よりも、「損したくない」「現状の苦痛や不安から逃れたい」という欲求の方がはるかに強いのです。これはいろいろな研究や実験から証明されています。

ネットであやしげな商品を売る時にも「恐怖」「不安」をあおるという手法がよく使われているのは確かです。

しかしそんな方法でたとえ売れたとしても、商品にがっかりしたお客さんは二度と注文してくれないでしょう。リピーターにはならないのです。

本当にいい商品やサービスを売る時に、それがなぜ必要なのかきちんと理解してもらうために、まず「恐怖」「不安」からアプローチするのがこの章の趣旨です。

まずは問題意識を自覚させる

「恐怖」「不安」で売るためには、受け手に「問題意識」を持ってもらうところから始める必要があります。

たとえば、

- 太っていると健康に悪い
- 薄毛はカッコ悪い
- 日本人の死因の○割がガンである
- 口臭はまわりの迷惑だ
- 歯が白くないと印象がよくない
- 布団にはダニがいっぱいいる
- 浴槽にはバイキンがいっぱいだ

などといった「問題意識」です。

その上で、その「問題」は、この商品を使えば「解決します」「大丈夫」「不安はなくなります」と救済する方法を示します。

すると受け手は、その商品が欲しくなるのです。

8年で100個しか売れなかった商品が……

今まで全然売れなかった商品が「問題意識」を自覚させることにより、ヒット商品になった例があります。

それがアメリカユタ州に本社がある従業員20人ばかりのオーラブラシ社が作っているオーラブラシという舌専用のブラシです。舌からバクテリアを取り除くことで口臭を防ぐという製品で、考案したのは創業者のボブ・ウァグスタッフ博士でした。

博士は、この商品に8年で4万ドル（約480万円）の宣伝費をかけましたが、たった100個しか売れませんでした。小売り販売を始めましたが、誰も興味を持ってくれませんでした。

どうしようもなくなった博士は、地元の大学に通いマーケティングのクラスに助けを求めたのです。学生たちは YouTube での動画を使ったプロモーションを提案しました。

その意見にかけることにしたボブ博士は、３００ドル（約3万６０００円）の制作費を払い、学生たちに動画を作らせました。

出来上がった動画は、自ら Halitophobia（口臭恐怖症）というひとりの男子学生がカメラに向かってひたすらしゃべるという内容です。

「自分の口臭を調べる方法」としてスプーンを使った簡単な方法を教えます。まずスプーンを舌で舐めて、しばらくたって乾燥してからそれを嗅いでみるという方法です。その臭いが、自分の口臭だというのです。とてもわかりやすい方法ですね。

動画の冒頭に出てくるキャッチコピーは、

あなたの口臭がわかる方法
How to Tell if You Have Bad Breath

でした。

この動画はすごい勢いで拡散し100万以上のビューを獲得しました。もちろん商品もバカ売れしました。ボブ博士の元には40カ国以上の国からオーラブラシを扱いたいというオファーが殺到したと言います。

まず舌にあるバクテリアが口臭を生んでいるという「問題意識」を自覚させました。視聴者はその問題に「恐怖」「不安」を覚えます。その上で、問題を解決し、恐れから救済してくれる商品を紹介したからこそ大ヒットしたのです。

オーラブラシはその後もたくさんの YouTube 動画を制作、その本数は100を超えました。その効果で、2012年の時点で商品は世界で210万本を売り上げました。

ちなみに、商品には一般的によく書かれている「テレビCMでおなじみ」ではなく、「YouTube でおなじみ（As Seen on YouTube）」というラベルが付けられています。

天才コピーライターの渾身の1行たち

戦前の日本にも、「問題意識」を自覚させることで大ヒットキャンペーンを手がけた天才コピーライター（当時は広告文案家）がいました。

それが大正から昭和初期にかけて活躍した片岡敏郎《かたおかとしろう》です。1882年静岡《しずおか》県に生まれた片岡は、日本電報通信社《にほんでんぽうつうしんしゃ》（現電通）、森永製菓《もりながせいか》、寿屋《ことぶき》（現サントリー）などでヒット広告を連発させました。

森永製菓の広告部長時代は、当時の横綱・太刀山《たちやま》の手形に**「天下無双　森永ミルクキャラメル」**と文字をあしらった新聞広告を制作し大ヒット。

1919年には寿屋の創業者である鳥井信治郎《とりいしんじろう》に乞《こ》われて、広告部長として移籍。片岡が寿屋で手がけた「日本初のヌードポスター」といわれる赤玉ポートワインの新聞広告は大きな話題になりました（NHK朝ドラ『マッサン』でもこの事実をモデルにしたエピソードが扱われていました）。

さらに寿屋では、国産初のウイスキー「サントリーウイスキー白札」（現サントリーウイスキーホワイト）の発売広告**「醒めよ人！　舶来盲信の時代は去れり　酔はずや人　吾に國產至高の美酒　サントリーウヰスキーはあり！」**やオラガビールの発売広告**「出たオラガビール　飲めオラガビール」**などを手がけ話題になります。

そんな片岡のライフワークと言うべき広告が「スモカ歯磨」のシリーズです。スモカ歯磨は、もともと1925年寿屋から発売されました。紙袋入りの粉歯みがきが多かった時代、丸缶入りのスモカは高級歯みがきでした。

片岡はこの商品を「タバコのみの歯磨スモカ」という共通のブランドメッセージで売り出しました。そして、毎日のように、小スペースの新聞広告を出稿します。簡単なイラストにキャッチコピーが書かれているだけのシンプルな広告です。これが大きな話題となり、スモカ歯磨は爆発的な売上げを記録するようになりました。

そのキャッチコピーが以下のようなものです。

「喫煙家萬歳　但し黒い歯　黄い歯　それ御自慢の方ならば　これ御使ひになる必要はマアないであります」

「闇に目立たぬ歯の色を喜ぶ渡世もあるそうですが他の方々に至ては大抵スモカ御賛成です」

「ホホホホホ　と笑ふても　歯が黒ろうては　フフフフフ」

「なんとまァおきれいなお歯…と逢ふ人ごとにほめられて　スモカ使うの　わたしもういやッ！」

「オヤ！　この歯は一体おれの歯か　と眼を見張っての御表情は　スモカを使って三日

目あたりの……鏡の面に……きっとです」

これらのキャッチコピーを集めた本（『片岡敏郎スモカ広告全集』マドラ出版）もあるのでぜひ読んでみてください。

1つのキャッチコピーだけでバカ売れしたわけではありません。「歯を白くする」というワンポイントに絞って、いろいろな角度から打ち出される「言葉のパンチ」はボディブローのように効いていきました。

それまで多くの人がそれほど気にしていなかったであろう歯の色を、改めて「問題意識」として自覚させることでスモカは大ヒットしたのです。

その後、寿屋はウイスキーの販売不振から、1932年に、やむなくスモカ歯磨の製造販売権を売却します。片岡は、これにより創設された株式会社寿毛加社に移籍し、スモカの広告は継続されます。その後もスモカ歯磨の広告は話題を呼び続け、ますます売上げは増加しました。

ただ日増しに強くなる戦時体制の色合いに息苦しさを覚えた片岡は、1940年、廃業広告を発表し、引退してしまいます（その5年後病没）。

とっさに考えた1行で超バカ売れ

歯を白くするということで思い出すのは、1995年にテレビCMの1行で超バカ売れした薬用成分配合の歯みがきアパガードです。

発売元の株式会社サンギは、1974年に創業された会社です。長年にわたってむし歯予防成分であるハイドロキシアパタイトに着目し研究を重ねてきました。そして1985年にハイドロキシアパタイト配合高級歯みがき「アパガード」を発売しました。

その後、当時の厚生省から薬事法の認可もおりました。しかし値段が高く小売店は大手メーカーに押さえられているため、商品は通信販売で細々と売っていただけでした。ただ歯を白くするという効能は口コミで知られていて、芸能人には熱心なファンがいました。

1995年、サンギに衝撃的なニュースが飛びこんできます。某大手歯みがきメーカーが大々的にアパタイト歯みがきを売る準備をしているというものでした。アパガードとは成分が違いましたが、消費者にはおそらく区別がつきません。サンギにはそれが我慢できませんでした。

サンギは社運をかけての大勝負に出ます。当時、年商20億円程度しかない会社だったにもかかわらず、10億円以上の予算を投入してテレビＣＭをうったのです。

その際、「歯を白くする」「芸能人」という2つのキーワードでキャッチコピーを考えることにしました。

もともとアパガードは、むし歯予防のために作られた歯みがきでしたが、それだけでは積極的に使いたい人は少ないと考えたからです。それよりも、二次効果として生じる「歯の白さの回復」のほうが使いたくなる人が多いと考えました。またアパガードは多くの芸能人に使われていたのは事実で、過去にもそれを示唆することで売上げが上昇した経験があったのです。

サンギの担当者が、準備に準備をかさねた当初のキャッチコピーは「芸能人は歯が白い」でした。広告会社に制作を依頼し、俳優の東幹久《あずまみきひさ》さんと高岡早紀《たかおかさき》さんを起用してのＣＭコンテが作成されました。

しかし東京都の薬事監視指導で「芸能人は歯が白い」というキャッチコピーの問題点を指摘されました。「芸能人だって、歯が白くない方もいるし、これは正確な表現ではないのでは？」と係官に言われたのです。

そこでサンギの担当者がとっさに修正し考えたキャッチコピーが、後に大ヒットを生み出すものになりました。それが、

芸能人は歯が命

です。

係員も「それなら、歯が大切なものだということでしょうから問題ないだろう」と答えたといいます。

テレビＣＭはなかなか会えない芸能人カップルという設定でした。１９９５年夏にオンエアした直後から驚くような反応がありました。

１年分の在庫として用意していた30万本がテレビＣＭを放映してわずか１週間で売り切れてしまったのです。（以上、株式会社サンギのサイト「APAGARD History」より要約引用）

また「芸能人は歯が命」はその年の流行語にもなりました。

アパガードもまた、芸能人というフィルターを通しながらも、歯の色を「問題意識」として自覚させることで大ヒットした商品だと言えます。

鉄道事故を劇的に減らした動画

今までにあげてきた「オーラブラシ」「スモカ」「アパガード」で共通しているのは、人間の悩みに対して直接的に「恐怖」「不安」を増長させて脅しているのではないということです。どれもエンターテインメントにしてやさしく脅しています。

やさしくエンターテインメントにして脅すという手法は、ネガティブな行動を抑制させる時にも有効です。

オーストラリアにある鉄道会社メトロ・トレインズ・メルボルンは、「バカげたことでおこる事故」という「問題意識」を自覚させやさしく脅しました。その結果、電車による人身事故を大幅に減らすことに成功しました。

それまでメトロ・トレインズでは、踏み切りを無視してわたったり、勝手に線路に下りたりするなどバカげたことで事故死する人間が絶えませんでした。危ないことはわかっているはずなのに。そこで、少しでも電車関係の事故を減らすべく実施された事故防止啓発キャンペーンが**「おバカな死に方（Dumb Ways to Die）」**でした。

作られたのは3分あまりのアニメーションの動画です。一度聞いたら忘れられないメロディと、キャラクターのかわいらしさ。それに相反するようなブラックユーモアな内容はインパクトがありました。

軽快で耳に残る音楽にのって、ジェリービーンズ風のかわいらしいキャラクターが次々と現れます。しかし彼らは揃いも揃って「髪の毛に火をつける」「クマを棒でつつく」「使用期限切れの薬を飲む」などおバカな死に方をしてしまうのです。

やがて死に方はどんどんエスカレートしてブラックになっていきます。「ネットで自分の腎臓を両方売っちゃう」「瞬間接着剤を食べる」「狩りのシーズンにシカの格好をする」「大した理由もないのにスズメバチの巣を弄《もてあそ》ぶ」などといったバカげた死に方です。

曲が最後に近づくと鉄道に関するよくある事故死のパターンを紹介するようになります。「駅でホームの端に立つ」「踏み切りの遮断機が下りているのに無視して進む」「ホームから下りて線路を渡ろうとする」などです。そして「結局、こういうのが一番おバカな死に方」だとまとめて動画は終わります。

この動画はアップされると同時に大きな話題になりました。YouTube での再生回数は5000万回を超え、フェイスブックでのシェアは300万回以上。キャンペーンソングはヒットチャートでランキング入りし、パロディソングも何百も生まれました。

シェアしやすい環境を整えたことも、口コミが広がっていった大きな要因になりました。ウェブサイトで曲がダウンロードできたり、スマホでのゲームアプリがあったりすることはもちろん、この歌や動画のコピーやパロディなどもすべて許容しました。

また、駅構内での動画キャラを使った広告や、絵本やラジオ局への無料配信など、ネット以外のメディアにも広げていくことで幅広い年代へ訴求しました。

その結果、メトロ・トレインズの電車事故は21％も減りました。さらに２０１３年６月に開催された世界最大級の広告祭カンヌライオンズでは「ダイレクト」「ＰＲ」「ラジオ」「フィルム」「インテグレーテッド」５部門でのグランプリを含め28もの部門で賞を取り、史上最高に成功したウェブ動画キャンペーンと呼ばれるまでになったのです。

このキャンペーンの成功の要因はなんでしょう？

このようなネガティブな行動を抑制させようとする時、「○○禁止」「××はダメ」的な「危険」「恐怖」を前面に出したアプローチになりがちです。しかしこのキャンペーンでは「おバカな死に方」という笑えるエンターテインメントにしたことが効きました。

自分の「死」には実感がわかなくても、人から「おバカ」と言われることには敏感な若者には、特に心に刺さったのです。

商品名が悩みを解決するブラジャー

生活者の悩みやコンプレックスなどの「問題意識」をそのまま商品名に盛り込むと、より直接的に伝わるようになります。

そのような商品は店頭では買いにくいものですが、ネットでの買い物が一般的になった現在は人目を気にせず買うことができるので、隠れた悩みやニーズに応《こた》える商品を開発できるとヒットにつながりやすくなります。

2010年4月大手下着メーカーのワコールは、こっそり多くの女性が抱えていた悩みをそのまま商品名につけたブラジャーを発売しました。それが、

大きな胸を小さく見せるブラ

です。当初はウェブだけの限定販売でしたが、発売開始からバカ売れ。わずか1週間で

当初の計画数量を完売します。

翌年からは店頭でも販売されるようになります。２０１５年５月までに累計11万５００0枚以上売る大ヒット商品になりました。

２０１４年後期のワコールのブラジャー人気ランキングでは堂々の１位に輝いています。購入した人の８割以上がリピーターなのも特徴です。

かつて多くのブラジャーが「よせて上げる」など、胸をより大きく形よく見せるという視点で作られてきた中で、このヒットは意外という見方ができるかもしれません。しかしワコールが２００９年に20～40代女性を対象に実施した「ブラジャーに求めること」というアンケートで、「バストをコンパクトに見せたい」と回答した人が10・７％いたのです。

１割といえば少数派という言い方もできますが、人数にすると大きな市場があるともいえます。トップメーカーの使命感もあり、そこに注目して商品化したものでした。それがまさかの大ヒットになったのです。

大ヒットになった背景には、まず機能的ベネフィットをそのままあらわした非常にわかりやすいネーミングがありました。それに加え、今までそのようなニーズを強くは感じていなかった女性に「問題意識」をもたせたことも一因だと考えられます。

たとえばワコールのサイトでは、「こんなことで困っていませんか？」と問いかけることで、女性の問題意識を顕在化させています。それは以下のようなものです。

「ワンピースを着ると太って見える！」
「ブラウスの隙間が広がる！」
「Tシャツの柄が伸びる」

それまで強くニーズを感じていなかった女性も、改めてこのように問いかけられると、「問題意識」が芽生えます。そして「確かに私も欲しいかも」と思ってしまうのです。

ツイッターで大反響の○乳ブラ

大きな胸に悩む女性もいれば、小さな胸に悩む女性もいます。特に下着選びには苦労するそうで、Aカップ以下のブラジャーはランジェリーショップの店頭にあまり置いていないそうです。

そんな胸の小さな女性向けに似合う可愛いランジェリーを、ある女子大生が企画発売したところ、ネットで大きな話題になりバカ売れしました。

それが2014年にできた「feast《フィースト》」というランジェリーブランドです。同ブランドのデザイナーであり企画運営もしているのは当時多摩《たま》美術大学1年生だったハヤカワ五味《ごみ》さん。

もともとハヤカワさんは、胸が小さいということがコンプレックスで下着選びが苦痛だったと言います。そこで、ひとりでも多くの同じ思いを持っている女の子に、明るく楽しい下着選びをしてほしい、という思いをこめてブランドを立ち上げました。

今まで、一般的に女性の小さな胸のことは「貧乳」と表現されてきました。考えたら、とても失礼な表現です。「feast」ではそれを「品乳」「シンデレラバスト」と言いかえ、「シンデレラバスト向けブラジャー」として売り出したのです。

大きく話題になったのは、予約販売を開始することをツイッターで宣言したハヤカワさんのひと言でした。それは、

なんで、胸がある子にはランジェリーを選ぶ楽しみがあって
貧乳にはない？

でした。このフレーズは、予約受付用のキービジュアルのキャッチコピーにも使われています。

このツイートは大反響を呼びました。約1万4000件のリツイートがあり、初回発売の200セットは即日完売。急遽《きゅうきょ》追加された200セットもすぐに完売したのです。

まさに悩みを強い1行に「問題意識」化し、それを救済する商品を発売したことで、この商品はバカ売れしたのですね。

OATH（オース）の法則でアプローチを変える

人間の悩みはいろいろですが大きく以下の3つに集約されると考えます。

・外見、健康など体に関する悩み
・お金に関する悩み
・対人関係に関する悩み

ただ、その悩みに対する認識の深さは、人によって大きく違います。

アメリカのマーケッターであるマイケル・フォーティンは、人が悩みに対して抱えている「問題意識」のレベルを4段階にわけました。

それが以下の「ＯＡＴＨ（オース）の法則」です。

①　Ｏ（Oblivious　＝無知）…問題を認識していない
②　Ａ（Apathetic　＝無関心）…問題は認識しているが関心がない
③　Ｔ（Thinking　＝思考中）…問題について考えている状態
④　Ｈ（Hurting　＝苦痛）…困っていて今すぐ苦痛から解放されるのを願っている

たとえば、肥満について考えてみましょう。
①は自分が太っていると認識していない状態です。
②は太っていることはわかっているが、ダイエットする気がない状態です。
③は太っていることを自覚し、やせたいと常に考えている状態です。
④は太っていることに悩んでいて一刻も早くやせたいと考えている状態です。

あなたがダイエット商品を売ることを想定してみましょう。

④の問題意識の人には、解決策を示すことができたらかなり売りやすいですよね。

③の問題意識の人にも、きちんと効果を納得してもらえれば売れる確率は高いでしょう。

難しいのは①と②です。

①の問題意識の人に商品を買ってもらうのはかなり難しいと言わざるをえません。

②の問題意識の人には「なぜ、あなたにダイエットが必要か」からきちんと説得する必要があります。

フォーティンは、この受け手の問題意識のレベルによって、キャッチコピーなどのアプローチの仕方を変える必要がある、と主張しています。

あなたも自分の商品を売ろうとする時に、お客さんがどの段階の「問題意識」を抱えているかを常に意識しましょう。

お客さんの問題意識の段階によってキャッチコピーの書き方は大きく変わります。

第五章　なぜデメリットを言われると買いたくなるのか？

——信用を売りにつなげる

販売に信用が大切なわけ

ここまで読み進めてきていただいたあなた。

ありがとうございます。

いよいよ「何を言うか」の最後の章です。「ニュースを知らせる」「得することを提示する」「欲望を刺激する」「恐怖と不安でやさしく脅す」ときました。この章は「信用」ということを軸にして1行で売る方法や事例についてみていきます。

なぜ、物を売る時、「信用」が大切なのでしょう?

前章でも述べましたが、人には損をしたくない「損失回避」「損失嫌悪」という性質が非常に強くあります。だからこそ、誰から買うかを重要視し、信用を大切にするのです。

一般的にまったく同じような商品が並んでいたら、大企業や広告などで見たことがある商品を買いやすいのはこの信用を買っているともいえます。

では、信用を得るためにはどうすればいいでしょう?

個人対個人であれば、「約束を守る」「結果を出す」「嘘をつかない」「専門知識がある」「実績がある」などといった当たり前のことが重要になってきます。

企業や店など販売側とお客さんという立場になっても基本的には同じです。

ただ、ある程度の規模の企業になると、なかなかそのような関係を生活者とむすぶことは難しいでしょう。広告、広報、ＳＮＳなどの生活者とコミュニケーションをする機会を工夫する必要があります。

あえてデメリットを訴求する

ちょっと、想像してみてください。

あなたが賃貸住宅の部屋を借りることになったとします。

不動産屋さんの営業マンが、あなたをその物件まで連れていき、部屋の中を案内しているとします。

その営業マンが部屋のいいところばかりをマシンガンのようにまくしたてたとしましょう。あなたはどう感じるでしょう？

表面上はうなずいて聞いていたとしても、心の中ではどんどん不信感が芽生えていくのではないでしょうか？

今度はそれとはまったく違う営業マンを想像してみてください。

その営業マンが、朴訥《ぼくとつ》な口調で、その物件のデメリットも含めきちんと語ったとしましょう。あなたはどう感じるでしょうか？

多くの方はあえてデメリットを語る営業マンの方を信用するでしょう。

販売側からわざわざデメリットやマイナスの部分を言うことはそれだけ自信があるのだろうと、逆に信用されるのです。

先日、ある地方都市に出張した時のことです。地元でとても繁盛しているという国道沿いの回転すし屋で食事をしたのですが「桜鯛のかぶと揚げ」というメニューに書かれていたキャッチコピーが目をひきました。

言っておきますが、骨だらけです。

こんな風にマイナスを正直に語られると逆に興味がわきますよね。

正直で信用を得るスーパー

「正直にデメリットを語る」ということをチェーンで実践してそれが売りにつながっているスーパーマーケットがあります。

それが関東にチェーン展開している「オーケー」です。

オーケーは、マイナスな情報も正直に伝えるという手法をとっています。

たとえば、以下のような言葉が書かれたＰＯＰを商品につけているのです。

「只今販売しておりますグレープフルーツは、南アフリカ産で酸味が強い品種です。フロリダ産の美味しいグレープフルーツは12月に入荷予定です」

「長雨の影響で、レタスの品質が普段に比べ悪く、値段も高騰しています。暫《しばら》くの間、他の商品で代替されることをお薦めします」

オーケーでは、このようなお知らせを『オネスト（正直）カード』と呼んでいます。本来ならば、隠したいであろう情報を正直に語ることで逆に信用を得ているのです。

トップじゃないから訴求できること

マイナスな情報を提供することで、バカ売れにつながったアメリカの伝説的な広告キャンペーンをご紹介しましょう。

それが1963年に実施された、エイビスレンタカーのナンバー2キャンペーンです。

当時、アメリカのレンタカー業界は、ハーツがシェア60％近くと圧倒的なナンバー1企業でした。2位のエイビスの売上げはハーツの4分の1程度。3位はすぐうしろに迫っていました。

1962年に巨大な赤字を出したエイビスは、経営陣を一新するとともに、新しい広告会社にDDB（ドイル・デーン・バーンバック）を選びました。創業13年の若い会社でしたが「正直な広告をうつ」という信念で急成長していました。特に当時実施されていたドイツ車のフォルクスワーゲンの広告キャンペーンは非常に話題になっていたのです。

DDBによって制作されたエイビスの広告キャンペーンは大きな成果を生み出しました。たった1年で売上げは50％増となり、13年間続いた赤字は大幅な黒字になり、シェアも急拡大したのです。

そんな伝説的な広告のキャッチコピーは次の通りです。

エイビスはレンタカー業界で2位にすぎません。
なのになぜ利用する理由があるのでしょう？

Avis is only No.2 in rent a car.　So why with us?

キャッチコピーに続くボデイコピーでは、その理由を語っています。それは「一所懸命にがんばります（We try harder.）」ということです。本来ならばハーツに比べ選ばれる理由がないからこそ一所懸命がんばるというロジックです。最後には「うちの店のカウンターは他より空いてますしね（The line at our counter is shorter.）」という自虐的な1行も入れられています。

広告は（特にアメリカでは）、自社がいかにナンバー1であるかを誇示するのが一般的です。それは今も昔も変わりません。

エイビスもそれまでは「レンタカー会社の中で最高のサービス」という広告をうってい

ました。しかし利用者にはまったくその言葉は響いていませんでした。「2位の会社のくせになぜ最高のサービスができるんだ？」と心の中で思っていたのです。

そんな中、あえて2位であることを認め、だからこそがんばると主張したエイビスの広告に多くの利用者は共感したのです。

「そうやってマイナスを認めるくらいだからきっと一所懸命やってくれるだろう。よし利用してやろう」と。

実はこの広告は、DDBの担当コピーライターであるポーラ・グリーンが、困ったあげくに窮余の一策として提案したものでした。いくら取材しても、ハーツに比べてすぐれている部分が見つからなかったからです。

当初、この案はエイビス側から大反対にあいました。わざわざ自社の弱みを広告でさらすなどとんでもない、という理屈です。事前の調査でもあまりいい結果が出ず、DDBの社内でも懐疑的な意見が出ていました。そんなボツになる寸前に、DDBの社長がエイビス幹部を説得し、最終的には受け入れられました。

その結果、歴史に残るバカ売れ1行になったのです。

「弱み」「実感」を見せてベストセラー

商品のデメリットを訴求しなくても、売り手が自分の「弱み」「実感」を見せると、人はついつい共感してしまいます。

たとえば、東京神田《かんだ》のとあるバル（西洋風居酒屋）は、ぱっと見は非常に高級そうな店構えで、常連以外はなかなか来てくれないという悩みがありました。そこで、店頭に**「入りづらい？　大丈夫だよ、たいした店じゃないから」**というキャッチコピーを書いた垂れ幕を置いてみました。するとそれを見てフリーのお客さんがどんどん来てくれるようになったといいます。

ここではある書店員が、自分の弱みや実感を見せるＰＯＰを書いたことで、ある文庫本をバカ売れさせた例を見てみましょう。

２００７年、発売から20年以上たっていた文庫本がいきなり売れだすという「事件」がありました。その文庫本はその後、数年間売れ続け、最終的には１００万部を超えるミリオンセラーになりました。

それが『思考の整理学』という本です。英文学者の外山滋比古《とやましげひこ》氏の著書で、1986年ちくま文庫から出版され、20年で17万部というロングセラーではありました。

そんな1冊をミリオンセラーに導いたきっかけは、岩手県盛岡市《いわてけんもりおかし》にある「さわや書店」の書店員松本大介《まつもとだいすけ》さんが作った1枚の手書きPOPでした。

そこに書かれていたキャッチコピーは以下の通りです。

〝もっと若い時に読んでいれば…〟

そう思わずにはいられませんでした。

書店員が自らの「弱み」「実感」をみせたPOPによって『思考の整理学』は、さわや書店で特異的に売れはじめました。

それを聞きつけた出版社によって、この1行は本の帯のキャッチコピーとして使われるようになりました。

すると全国的に爆発的に売れはじめました。1年半あまりの期間に、発行累計部数は50万部を超えるまでになったのです。

２００９年、出版社は帯のキャッチコピーを変えました。

それはまったく反対の方法論で書かれたものです。

この新たなキャッチコピーにより、『思考の整理学』の売上げは、また飛躍的に伸びます。そして発売後24年の年月を経た２０１０年１月、とうとう１００万部を突破するミリオンセラーになるのです。

そのキャッチコピーについては次項で解説します。

人は「権威」に弱い生き物

あなたはコンビニで商品を選ぶ時、モンドセレクション最高金賞受賞などといった言葉につられて、ついつい買ってしまったことはないでしょうか？

通販でちょっとあやしげな商品だと思っても、大学教授や医学博士などの推薦があることで信用して買ってしまったことはないでしょうか？

人間は自分で思っているよりも「権威」に弱い生き物です。

権威は国家権力など本当に力があるものに限りません。「肩書」「実績」「ユニフォーム」「ルックス」「身なり」などにも人は弱いのです。

これはさまざまな実験や調査によっても証明されています（一番有名なのは社会心理学者スタンレー・ミルグラムの通称「アイヒマン実験」です）。

「権威」を利用することは「信用」を得る1つの方法です。

前述の『思考の整理学』に話を戻しましょう。

出版社が新たに採用した帯のキャッチコピーは以下のようなものでした。

東大・京大で1番読まれた本

2008年に東京大学生協と京都大学生協の書籍販売ランキング1位になったことから生まれたキャッチコピーです。

日本を代表する2つの大学の学生に読まれたという「権威」に乗っかって書かれたフレーズといえるでしょう。

この新たなキャッチコピーが売上げに拍車をかけ、『思考の整理学』は、ミリオンセラーまでのぼりつめたのです。

結果として人が「権威」に弱いことを改めて実証した1行になりました。

6つの影響力の武器

生活者から信頼を得る方法は他にもいろいろあります。

社会心理学者ロバート・B・チャルディーニは、その著書『影響力の武器』（誠信書房）で、人の心が自動的に動いてしまう要因を6つにわけました。

「返報性」「一貫性」「社会的証明」「好意」「権威」「希少性」です。

それぞれ簡単に解説すると、以下のようになります。

1．返報性

相手に何かをしてもらったら、お返しをしなければと思う心理。

2．コミットメントと一貫性

一度決定をするとそれを守ろうとする心理。

3．社会的証明
他人がやっている行動に大きく影響されて同調してしまう心理。
4．好意
自分が好ましいと思っている人から勧められると、いい商品に見えるという心理。
5．権威
何らかの権威から指示されるとついついしたがってしまう心理。
6．希少性
数が少なかったり滅多に手に入らなかったりすると、ついつい欲しくなってしまう心理。

チャルディーニらは、自分が買い手の立場になった時に、このようなテクニックに騙《だま》されないようにしようという視点で書いています。しかしいずれも、信用を得ることで何かを売ろうとしたり、誰かに協力してもらったりする際に、とても有効なテクニックです。

通販業界に伝わる鉄則とは？

たとえば通販番組などではこの6つの法則を利用した販売方法がよく使われています。具体的にどのように応用されているかみてみましょう。

1．返報性

「無料サンプルお届けします」などのプレゼントをオファーする。

2．コミットメントと一貫性

「初回に限り1000円」などのまずは始めてもらえるようなオファーをする。

「気に入らなければ全額返金」など始めるリスクがないことを知らせる。

3．社会的証明

「利用者の声」を出す。

「お申し込み○万件突破！」など多くの人が利用していることを知らせる。

4．好意

「それはとても辛いですよね」などの共感の言葉を使う。

「タレントの○○さんも愛用」など人気がある人も使っていることを知らせる。

「この番組を見ているあなたに、○○をプレゼント」などオマケをつける。

5．権威

「医者やスポーツ選手の推薦」などの専門家の意見を入れる。
「NASAが5年がかりで開発」など専門機関のお墨付きを入れる。

6．希少性

「本日限り」「受付は今から2時間」など時間の限定。
「この広告を見てる人に限り」など場所の限定。
「100個限り」「限定50セット」など個数の限定。
「通常2万円のところ、今回に限り1万2000円」など値段の限定。

通販業界には〝売るため訴求すべきこと〟として以下の鉄則があるといいます。

「今だけここだけあなただけ」

時間や場所を限定していかに「今だけ」「ここだけ」で「あなただけ」に語っていると思わせるかが何よりも大切だということです。

6つの法則を利用した応用例は、いかがだったでしょう?

あなたも実際によく目にするようなフレーズではないでしょうか?

同じようなフレーズにもかかわらず何度も使われるということはそれなりに効果があるということです。

「みんなの声」に人は弱い

『影響力の武器』の続編的著書『影響力の武器　実践編』(誠信書房、筆頭著者はN・J・ゴールドスタイン)では、この中の「社会的証明」がいかに強力な説得の要因になるかを実証した実験が掲載されています。

ホテルで連泊する宿泊客に対して、タオルを替えないで継続使用をお願いする時、どのようなキャッチコピーが効果があるかを調査したものです。

一般的にこのようなお願いをする時、ほとんどのホテルは「環境保護のため」という大義で説得しようとします。もちろんこのお願いの仕方にも一定の効果はあります。

チャルディーニらは2種類のカードを用意し、ホテルの協力のもと、それぞれどれくらい反応が違うかを調べました。具体的には以下の2種類のカードを客室にランダムに置いたのです。

①一般的な環境保護メッセージが書かれたカード

②「このホテルに以前泊まった人たちの大多数がタオルを再利用している」という事実を書いたカード

すると、何と②のメッセージが書かれたカードの部屋の宿泊客は、①の宿泊客に比べ26%も多くタオルを再利用したのです。

「みんながそうしている」という社会的証明が多くの人の行動に影響を与えたのです。

さらにチャルディーニらは、以下の③のカードを加えた実験をしました。

③「過去にこの部屋に泊まった人たちの大多数がタオルを再利用している」という事実を書いたカード

すると②のカードよりさらに再利用するお客さんの割合は増え、①に比べると33%も高かったのです。

「過去このホテルに泊まった客」よりも「過去この部屋に泊まった客」の方が、類似性を感じるので、より強い社会的証明になったというわけです。

通販などで「お客様の声」を載せるのは、この社会的証明の力を借りて、信用を得ることができるからにほかなりません。その場合、新規客は自分の属性と近いお客様の声があると、よりその商品を信用することになります。

「〇〇する」がキーワードで大ブームに

２００７年に日本で一大ブームを起こし、まさにバカ売れしたエクササイズ商品を覚えておられるでしょうか？

そう「ビリーズブートキャンプ（Billy's Boot Camp）」です。

アメリカ人ビリー・ブランクスが考案した７日間短期集中型エクササイズで、軍隊での新人向け基礎訓練である「ブートキャンプ」がベースになったＤＶＤでした。ビリー隊長の号令のもと、多くの参加者たちと一緒になってエクササイズするという設定になっています。

この商品がバカ売れした要因の１つに「社会的証明（みんながやっている）」があったと

考えられます。

新たな参加者がDVDを買ってエクササイズを始める時に使った言葉が、バカ売れのキーワードになりました。

それが**「入隊する」**です。

エクササイズは一般的にひとり黙々と誰にも言わずにやることが多いのですが、このビリーズブートキャンプでは、みんなと一緒にやっているという感覚が生まれたのです。

DVD自体も参加者と一緒にエクササイズするという設定になっているので、バーチャルですがみんなと一緒にやっているという感覚を得られます。

またビリー隊長から投げかけられる「声が小さい！」「疲れても続けろ！」などの叱咤《しった》の言葉や、「君ならできる！」「ゆっくりでいい」などの励ましの言葉も連帯感を強めます。

そして最後に「グッジョブ」「ビクトリー！」などの言葉で締めくくられるのです。

地方アイドルをベスト10に入れたい！

たったひとりの声がどんどん波及していき、みんなの声になっていく。それが社会的証明になって、どうしても自分も行動したくなっていく。

小さな渦ですが、私自身も経験したことがあります。

それは、２０１４年夏、Negicco（ねぎっこ）という新潟《にいがた》在住の女性３人組のアイドルが、新曲を発売した週の最終日に起こりました。

Negicco は、２００３年にＪＡ全農にいがたにより、名産の〝やわ肌ねぎ〟をＰＲするために結成されました。当初は１か月限定のユニットだったのが、人気を集めたために活動を継続。その後、長い下積み時代を経験し何度も解散の危機に瀕《ひん》する波瀾《はらん》万丈のストーリーを経ながら、今年結成12周年を迎えたいわゆる地方アイドルです。結成当時、小中学生だった彼女たちも20代半ばに差しかかっています。

そんな物語を背負っているにもかかわらず、Negicco の３人はそれぞれに独特のほんわかとした魅力を持っています。また彼女たちは楽曲やパフォーマンスの評価が非常に高いことでも有名です。一度、彼女たちのライブに行くと「なぜか Negicco を応援したく」なってしまいます。私自身もそのひとりです。

そんな Negicco が、２０１４年7月22日に新曲をリリースしました。タイトルは「サンシャイン日本海」。ORIGINAL LOVE の田島貴男《たじまたかお》さんプロデュースで、夏の新潟を舞台にした甘酸っぱい名曲です。全編8ミリ撮影されたPVも素晴らしい出来でした。

今まで控えめでガツガツしていないのが取り柄と言われていた彼女たちが、この曲で初めて「オリコンウィークリーチャート10位以内を目標にします！」と宣言しました。

25日の新宿タワーレコード屋上でのリリースイベントでは、都内各店から集められたという大量のCDが完売、同日オリコンデイリーシングルランキングでEXILEに続く2位を獲得します。これをきっかけに「Negiccoを何とかウィークリー10位以内にしてあげたい」という想いがファンの間に一気にあふれだしました。

オリコン調査最終日の27日。アイドルは最終日に都内で握手会など特典つきの大きなリリースイベント（リリイベ）をして、枚数を稼ぐというのが一般的な常識です。しかしなんとその日、Negiccoは以前からスケジュールが入っていたお祭りのイベントで佐渡島《さどがしま》に行くことになっていました。

これではとても週間10位以内は望めない。誰もがあきらめかけていたその時、ツイッター上で奇跡がおきました。

自然発生的に「もうリリイベとか特典とか関係なしにひとりひとりがCD買ってベスト10入りするように応援しようぜ」という空気が生まれてきたのです。

そして「＃俺なりの negicco リリイベ最終日」というハッシュタグが立ち上がりました。この1行が多くの人を行動に走らせました。

ファンの間で情報交換をしながら全国のショップでCDを買い集めるという現象がおきたのです。「この店は俺が枯らした（全部買った）」「この店まだ在庫があるけど俺ひとりでは無理だから誰かお願い」などの情報がツイッター上を行き交いました。面識もなかったファン同士も気持ちが1つになり連帯していきました。

私自身もちょうど新潟に出張していたのですが、新潟市内のショップでまだ在庫があるという情報を得てその店により買い求めました。また新幹線で帰京の途中、まだ埼玉《さいたま》の大宮《おおみや》のショップに残っているという情報をツイッターでみて途中下車しました。それまで、CDを複数買いするというのはかなり抵抗があったのですが、このみんなの盛り上がり（社会的証明）の前には、どうしても行動したくなってしまったのです。

そのようなムーブメントの結果、東京都内や新潟のほとんどのCDショップで「サンシャイン日本海」は完売するという異常事態にまで発展しました。

最終結果は週間11位と一歩及びませんでしたが、それがまた1つの伝説になり後の物語の布石にもなりました。

同年12月に発売されたシングル「光のシュプール」では、オリコン週間CDシングルランキング5位を記録して、見事、夏のリベンジを果たしました。これも7月の「#俺なりの negicco リリイベ最終日」の盛り上がりがあったからこそでしょう。

2015年前半には、初の全国ツアーも成功させました。さらに新潟にAKB48の新しい姉妹グループであるNGT48ができることもあり、元から活動していた Negicco に今、大きな注目が集まっているのです。

「そなえる」という「物語」をブランド名に

信用を得ることで売りにつなげるためには、社会に役立つ「大義という旗」を掲げるのも1つの方法です。

京都市にあるオフィス用品の販売会社、株式会社カスタネットは、「大義」を掲げるブランド名をつくることでうまく売りにつなげようとしています。

カスタネットのことは拙著『物を売るバカ』でも取り上げました。従業員10人と小さい会社ながら、「社会貢献活動」と事業をシンクロさせる「物語」を売ることで、ファンが大勢いる会社です。

カスタネットの社長で社会貢献室長の植木力《うえきちから》さんは、以前からオフィス用品に加えて防災用品にも関心を寄せて販売もしていました。「オフィスにおいて命を守る」という使命を感じていたからです。

植木さん自身、東日本大震災がきっかけで、大きな被害を受けた岩手県陸前高田《りくぜんたかた》市を頻繁に訪れるようになりました。ソーシャルビジネスの手法で陸前高田市を復興させるお手伝いをするためです。

何度も足を運ぶうちに大きな被害を受けた企業の経営者からポツリポツリと当時の状況を聞くようになりました。その経験からの教訓を生かすためにも、植木さんは防災用品の必要性を身にしみて感じていたのです。また自分の会社が手がける事業としてもぴったりだという直感もありました。

しかし、防災用品は震災直後は売れたものの、その後は右肩下がり。企業としてもまとまったお金がかかるものなので、ついつい後回しにしてしまいます。

商品を売ろうとすればするほど売れない。植木さんは、今後どのように防災用品のビジネスを展開していけばいいかモヤモヤした気持ちをずっとかかえていました。

そんな中、自社が取り上げられている『物を売るバカ』を読んで、改めて大きな発見をしたと言います。

「社会貢献からはじまるいろいろな物語」を売っている会社の事例として紹介されているのに、防災用品では自社がまさに商品自体を売ろうとする「物を売るバカ」になってしまっていた、と。

「そうだ、防災用品を売ろうとせずに『みんなで災害にそなえるという物語』を売ればいいんだ」と気づいたのです。

昔から伝えられてきた防災に関する先人たちの知恵を引き継ぐ。

実際に災害にあった企業にその教訓を教えてもらう。

どうすれば災害に強いオフィス・企業や地域をつくれるのかを提案する。

このような活動を続けていれば、結果として防災用品も売れていく。それは社会に対してもいいことだし、自社を継続させるための売上げにもつながる。まさに事業と社会貢献がシンクロするカスタネットらしい新規事業です。

そして先人から伝わる「備えあれば憂いなし」という言葉を意識して、植木さんが立ち上げた新規事業のブランドの名前は以下のとおりです。

「そなえる .com（そなえるドットコム）」

商品を売るためのサイトではなく（もちろん売ってもいますが）、「災害にそなえるための意識」を売るサイトという位置づけです。

そうすることで、展示会、問い合わせの電話などでも自分たちが何をしている会社なのか、相手に違和感を与えず素早く伝えることができるようになりました。

サイトのキャッチコピーは「職場に備える、みんなの防災」。

まだサイトができて数か月ですが、すでに何百件もの問い合わせがきたといいます。実際に取り引きにもつながっています。ほとんどが新規のお客さんです。これは、従来事業のオフィス用品販売から比べるとすごいことだといいます。

またメディアからも注目され、何度も記事になっています。

植木さんは新たに「防災ソムリエ」というワードを考案し、さらに防災意識を向上させようといろいろな活動を開始しました。また売る立場の防災用品から、使用する立場の防災用品というコンセプトで、自社開発もすすめています（第一弾が帰宅支援セット）。

このように、社会にも役立つ「大義という旗」をうまく掲げることができると、社会からの信用を得られます。結果として売りにつながるのです。

ただし、言葉だけでは説得力はもちません。カスタネットのように実際の活動が、言葉ときちんとリンクされていることが重要なのは言うまでもありません。

第六章　思わず反応してしまうキャッチコピー10の型

5W10Hをマスターせよ

「何を言うか（5W）」を読んでくれたあなた。

いかがだったでしょう？

「こんな内容のことを1行にすれば、売りにつながるんだな」というイメージはもっていただけたでしょうか？

さてこの最終章では具体的に「どう言うか＝How to say」の型にあてはめて、1行で売れたキャッチコピーの事例をみていきましょう。

本書では、数多くある型（How to say）の中から、バカ売れにつながる以下の10の型（10H）に絞って解説します。

1行バカ売れのための10H

①ターゲットを限定する

②問いかける
③圧縮して言い切る
④対比&本歌取り
⑤誇張をエンタメ化
⑥重要な情報を隠す
⑦数字やランキングを使う
⑧比喩《ひゆ》でひきつける
⑨常識の逆を言う
⑩本気でお願いする

第一～五章でみてきた「何を言うか（5W）」と組み合わせて使うことで大きな効果を生むことができるでしょう。

ぜひ5W10Hを活用してください。

それぞれの型の説明と、その手法を使って売れた事例を簡潔に説明していきます。

ぜひあなたが扱っている商品で応用できないかを考えつつ、読み進めてみてください。

①ターゲットを限定する

言葉で物を売ろうとする時、できるだけ多くの人に向かって伝えたいと思うものです。

しかし多くの人に伝えようとすればするほど、誰にも伝わらないフレーズになってしまいがちです。

それはなぜか？

受け手が自分と関係ないと思ってしまうからです。

できるだけ呼びかける相手を絞り限定することで、「あ、これは私のことだ」と自分と関係があると思ってもらいやすくなります。

一番わかりやすいターゲットの絞り方は、「性別」「年齢」「職業」「居住地」「所属先」「所有物」「身体的特徴」などの「属性」と呼ばれるものです。

たとえば、以下のように絞り込んで呼びかけると、その対象者は自分のことと思いやすくなります。

40歳以上の週末ドライバーの方へ（年齢で絞り込む）
藤沢《ふじさわ》市にお住まいの働くお母さんへ（居住地で絞り込む）
身長１６５センチ未満の男性に朗報です（身体的特徴で絞り込む）

●女性限定で大ヒット！

会員の性別を限定したことで大ヒットしたフィットネスクラブの例を見てみましょう。

それは「カーブス」です。あなたもきっと何度か「カーブス」の看板を見たことがあるでしょう。地方都市をクルマで走っていると、その看板の数に驚くことがあります。

カーブスはもともとアメリカで生まれました。日本ではカーブスジャパンが２００５年からフランチャイズ展開をしています。２０１４年12月現在で、全国に店舗数１５４３店舗、会員数66万人と急成長を続けています。

そんなカーブスの日本でのキャッチコピーは、

女性だけの30分フィットネス

です。

会員もスタッフもすべて女性と絞り込んだことが成功の大きな要因の1つです。

もともとアメリカでのカーブスのキャッチコピーは「3M」と呼ばれる、「No Men」・「No Make-up」・「No Mirror」（男なし、メイクなし、鏡なし）でした。

●用途を限定して大ヒットした醤油

属性以外にも、ターゲットの絞り方はいろいろとあります。

「悩み」「価値観」「願望」「思想」などの内面的要素で絞る。

「用途」「利用目的」などの行動的要素で絞る。

ここでは用途を絞ったことでヒットした商品の例をみておきましょう。

島根《しまね》県雲南《うんなん》市吉田町《よしだちょう》に、株式会社吉田ふるさと村という会社があります。かつてここは吉田村とよばれていた自治体でした。その村民たちが出資しあってつくった会社が吉田ふるさと村なのです。

2002年、吉田ふるさと村は、用途をおもいっきり絞ることで大ヒット商品を誕生さ

せました。その商品名は、

卵かけご飯専用醤油　おたまはん

でした。

約1年半、幾度となく試作と試食を繰り返し誕生した商品で、地元でつくられた木桶でじっくり熟成させた醤油《しょうゆ》をベースに、鹿児島《かごしま》産のかつおだし、三州三河《さんしゅうみかわ》の本味醂《みりん》で旨味を出しています。化学調味料や保存料などの食品添加物は使われていません。中身は関西風と関東風の2種類があります（関西風はやや甘め）。

この商品は、発売以来口コミで大ヒットしました。卵かけご飯の流行をつくったとも言われています。1本1本手作業でビン詰めやラベル貼りまで行っているため、注文に応《こた》えられないこともしばしばありました。

２０１３年12月28日には、何と累積出荷本数３００万本を達成しました。このような規模の会社としては驚異的な数字です。

一般的に商品はできるだけいろいろな用途に使えることを訴求しがちです。しかしそれでは大手メーカーにたちうちできません。地方の小さな会社だからこそ、用途にターゲットを絞った商品を出すことで大成功しました。

②問いかける

人は質問されるとついついその答えを探してしまいます。

つまりその質問を知らず知らずのうちに自分事として考えてしまうのです。

この「問いかける」という手法は、本のタイトルとしてもたいへんよく使われています。

多くの本がこの疑問形を使うようになったきっかけは、何といっても2005年に発売されてミリオンセラーになった『さおだけ屋はなぜ潰れないのか？ 身近な疑問からはじめる会計学』（山田真哉《やまだしんや》・著、光文社新書）です。

●大胆に問いかけてヒットを生んだ滋賀の書店

出版社から売れると期待されていなかった地味な本を、大胆に問いかけるPOPでヒット作にした書店をご紹介しましょう。

滋賀《しが》県近江八幡《おうみはちまん》市に本社のある書店チェーン「本のがんこ堂」です。

ヒットした地味な本とは、本書の前作にあたる拙著『物を売るバカ』です。マーケティングのジャンルを扱った新書としては異例の約8万部のヒットになりました。

しかし最初から売れると期待されていた本ではありません。発売当初、多くの書店では大きく扱われてはいなかったのです。そんな状況で、売上げに火をつけたのが「本のがんこ堂」でした。

「本のがんこ堂」はこれまでも、『座右の銘』（里文《りぶん》出版）『誕生日大全』（主婦の友社）など地味な本を何度もベストセラーに押しあげた業界では知る人ぞ知る書店です。

そもそも『物を売るバカ』というタイトルも、原稿を発売前に読んだ田中武《たなかたけし》社長のアドバイスから生まれたものでした。店頭で売れ行きに火をつけたPOPも田中社長直筆です。

さらにチェーン8店舗がそれぞれに工夫をこらした飾りつけをして、展開しました。特に西原健太《にしはらけんた》さんが店長をつとめる唐崎《からさき》店の飾りつけは、とても目をひくものでした。のちに『物を売るバカ』の新聞広告でも使用されたくらいです。

余談ですが、西原店長は、天才POP職人として、テレビ・新聞などに何度も取り上げられている業界では有名人です。

さて、そのＰＯＰに書かれたキャッチコピーとはどんなものだったのでしょう。

それが、

いい商品なのに売れない！　**なぜ？**


でした。

「なぜ？」の部分だけが筆の赤字でドーンと大きく書かれていました。

人は「なぜ？」と問いかけられると、ついつい答えを探してしまいます。

「確かにうちの会社もいい商品を出しているのに売れないのはなぜだろう？」と考えてしまうのです。ＰＯＰのキャッチコピーで興味を持ったお客さんは、本のタイトルを見て、さらに興味を抱きます。「物を売るバカ？　何で物を売るのがバカなんだ」と。そして手に取り、中身をパラパラとめくります。そして自分に関係がある本だと思ったお客さんは、レジに持っていってくれました。

このＰＯＰは「本のがんこ堂」チェーンだけでなく他の書店にも波及していきました。

「水嶋書房《みずしましょぼう》チェーン」（本社大阪府枚方市）や「TSUTAYA WAY ガーデンパーク和歌山

店」などでは、このＰＯＰをベースに新たな飾りつけを加えることで大きく売上げを伸ばしました。やがて東京や大阪などの大型書店でも使用され、このＰＯＰをつけた書店では売上げが必ずと言っていいほど伸びました。

結果として全国で『物を売るバカ』の売上げを大きく押し上げたのです。

③圧縮して言い切る

言葉は短く圧縮して言い切ると「強く」なります。

たとえ言いたい要素はいろいろとあっても、それを省略して短くした方が伝わりやすく「強い言葉」になりやすい。強い言葉とは「印象に残る」「心に刺さる」「行動したくなる」ような言葉です。ドラマや漫画などで印象に残るセリフは、大抵が短く圧縮して言い切った言葉です。

●ドラマの名言は圧縮して言い切ることから生まれる

１９９４年に日本テレビ系で放映されたドラマ『家なき子』。

家庭内暴力や児童虐待が横行する貧しい家庭で育った少女が、理不尽な環境の中で懸命に生き続け、病身の母のため悪事にさえ手をそめていくというストーリーでした。

安達祐実《あだちゆみ》さん演じる主人公の相沢《あいざわ》すずが発したセリフは、その年の新語・流行語大賞になるくらいに話題になりました。またドラマも大ヒットしました。

それが、

同情するならカネをくれ

でした。

圧縮して言い切ったことで、すずのキャラクターを象徴するセリフになっています。

2005年に、三田紀房《みたのりふさ》さんの漫画を原作にしてTBS系でドラマ化された『ドラゴン桜』。元暴走族の弁護士が、高校の教師になり、偏差値36の落ちこぼれ生徒たちを東京大学に現役合格させるまでを描くというストーリーでした。

阿部寛《あべひろし》さん演じる主人公桜木建二《さくらぎけんじ》が圧縮して言い切る強いセリフを連発します。中でも有名なのは、ドラマの第一話のタイトルにもなったセリフです。

それは、

バカとブスこそ、東大へ行け！

でした。

意味合いとしては、「取り柄や才能がなかったり、やりたい事が見つかってないからこそ東大に入っておくべきだ。あとから何かしたいと思った時に就職にも有利だしいろいろな可能性が高まる」ということでしょう。

それを短く圧縮して言い切ったからこそ、ストーリーを象徴するような強いセリフになったのです。

●ＰＯＰ名人による「最悪」で「最高」な1行

神奈川《かながわ》県横浜《よこはま》市に本社がある書店チェーン有隣堂《ゆうりんどう》にＰＯＰ名人として有名な方がいます。

それが梅原潤一《うめはらじゅんいち》さんです。書店ＰＯＰに関する本も2冊（『書店ポップ術～グッドセラーはこうして生まれる』『書店ポップ術～グッドセラー死闘篇』ともに試論社《しろんしゃ》）出版されています。

梅原さんはＰＯＰの力で数多くのベストセラーを生み出していますが、ここでは「圧縮して言い切る」ことによって１冊の文庫本をバカ売れに導いた例をご紹介しましょう。

それは２００２年に発行された小説『最悪』（奥田《おくだ》英朗《ひでお》・著、講談社文庫）でした。単行本で読んでおもしろいと思っていた梅原さんは、文庫本になったのでＰＯＰを仕掛けようと思いました。そこでＰＯＰに書いたキャッチコピーは以下のものでした。

「最悪」最高！

これ以上、圧縮できないくらいの力強い１行です。

さらにその下には小さく以下のようなコピーが書かれていました。

襲い来る不幸のつるべ打ち！

これぞ災難のジェットコースター!!

直木賞受賞（予定）作家による痛快犯罪小説！

これらのフレーズも、それぞれかなり圧縮して言い切った1行になっていますね。興味がひかれます。このPOPによって、この本は爆発的に売れました。

この時、著者の奥田英朗さんはまだ直木賞を受賞していなかったので「(予定)」となっています。その後、奥田さんが「直木賞受賞せず」「新直木賞作家」と情勢が変わるごとにPOPは書きなおされました。

ただ、「『最悪』最高！」のキャッチコピーは変えませんでした。

このPOPの力もあり、当時、梅原さんが勤務していた店舗で、『最悪』は1000冊以上もバカ売れしました。

余談ですが、私自身もその頃、このPOPを有隣堂の店頭でみて（当時は梅原さんの作だとは当然知りませんでしたが）、この本を買ったのを覚えています。それがきっかけで奥田英朗さんの本を何冊も読みました。また奥田さん以外にも、荻原浩《おぎわらひろし》さん、盛田《もりた》隆二《りゅうじ》さん、保《ほ》坂和志《さかかずし》さん、岡嶋《おかじま》二人《ふたり》さんなどの作家の小説を読むきっかけになったのは、今から思うとすべて梅原さんのPOPでした。

④対比&本歌取り

キャッチコピーは語呂やリズムが非常に重要です。

語呂やリズムがいいと頭に入ってきやすくなり、感情が動き記憶に残ります。

つまり売りにつながる可能性が高くなるのです。

語呂やリズムをよくする方法は数多くありますが、今回は「対比」と「本歌取り」という手法で話題になった事例をご紹介しましょう。

対比とは、反対するものを並べることで、それぞれの言葉を際立たせるという手法です。

「沈黙は金、雄弁は銀」「帯に短し、たすきに長し」などのことわざや慣用句でもよく使われてきました。

本のタイトルでも『金持ち父さん貧乏父さん』『話を聞かない男、地図が読めない女』のようにベストセラーが多く出ています。

映画『踊る大捜査線THE MOVIE』のセリフ「事件は会議室で起きてるんじゃない、

現場で起きてるんだ」などもこの対比があるので、何年たっても記憶に残りやすいのです。

●対比することですごい経済効果を生み出した知事

２０１２年、それまで山陰《さんいん》地区に店がなかったスターバックスコーヒージャパンが、島根県松江《まつえ》市に出店することを発表。これで47都道府県でスターバックスの店舗がないのは鳥取《とっとり》県のみになりました。

その時、インタビューに答えた鳥取県知事の平井伸治《ひらいしんじ》さんのひと言がのちに鳥取に大きな経済効果をもたらす1行になりました。

それは、

鳥取はスタバはないけど、日本一のスナバがある。

でした。スナバとはもちろん、鳥取砂丘のことです。

この1行は大きな話題になりました。

知事のその発言を受け、２０１４年4月には鳥取駅近くに「すなば珈琲」ができ、またも話題になりました。

そして2015年5月、とうとう本物のスターバックスが鳥取駅近くにできることになりました。以前からの知事の「スナバ発言」という前フリもあり、ものすごい盛り上がりになったのです。

シャミネ鳥取店には、開店前から1000人を超える行列ができました。これは国内のスターバックス史上はじめての事態で、東京からレポーターが数多くかけつけ全国的にも大きなニュースになりました。

一方、すなば珈琲も**「大ピンチキャンペーン」**を実施。「スタバのレシート持参でコーヒー半額」「まずかったら無料」などを掲げ、こちらも早朝から行列ができました。

またこれに便乗するように鳥取県も観光キャンペーン**「勝手にスナバキャンペーン」**を実施。全国的なニュースになることが少ない鳥取県ですが、全国的に大きなPRになりました。

平井知事が語った対比の1行が結果として大きな経済効果を生み出したのです。

余談ですが、たまたま鳥取スタバのオープンの日に、私も鳥取県に出張していました。行き先は米子《よなご》市だったので、鳥取市には寄れませんでしたが、おいしいと紹介してもらった米子の隣の境港《さかいみなと》市にある「さかな工房」という店でランチを食べました。

その店の名物カニかけご飯には、以下のようなキャッチコピーがつけられていたのです。

たまごかけご飯があるんだから、
カニかけご飯があってもいいじゃないか

こちらもスナバに負けない（？）くらいの見事な対比で、ついついオーダーしてしまいました。とてもおいしかったです。

●ユーミンの名曲を本歌取り

対比に続いて「本歌取り」の事例をご紹介しましょう。

「本歌取り」とは、本来、和歌の技巧の1つで、有名な古歌（本歌）の一部を取り入れる手法のことをいいます。ここではそれになぞらえて、有名なタイトルやフレーズをもじって（誰にでもわかるような形で）新たなキャッチコピーをつくることを言います。

元ネタがあることで、伝わるスピードが格段に速くなります。

2014年11月、東京の地下鉄にひっそりと掲載された窓上広告のキャッチコピーがネット上で大きな話題になりました。

東京の銀座に本店があるブランド品買取チェーン「NANBOYA（なんぼや）」のクリスマスに向けての広告です。

女性の横顔がブランド物の新しいバッグをみつめつつ、一方脳内では「過去の彼氏たちからもらった古いブランド物」を売った時の金額がはじきだされているというもの。

そのキャッチコピーは、

元カレが、サンタクロース。

でした。

要はクリスマスに過去の彼氏（元カレ）からクリスマスプレゼントにもらったブランド品を、NANBOYAで売って、そのお金で新しいバッグを自分へのクリスマスプレゼントに買おうという内容です。

「元カレが、サンタクロース」の本歌は、もちろん松任谷《まつとうや》由実《ゆみ》さんが1980年にリリースした「恋人がサンタクロース」。

もともとの歌詞も当時としてはかなり革新的な内容です。自分が少女だった頃、となりのおしゃれなお姉さんに「サンタの正体」を暗示されるところから始まり、大人になってから「そのサンタの正体は恋人だった」と気づくというもの。

その本歌があってこそ、これだけの文字で、受け手にキャッチコピーの意味がすぐに伝わってくるのです。

この広告は、出稿後2週間あまりでツイッターで2000件以上のツイートがあり、ネットニュースなどにもしばしば取り上げられるほど大きな話題になりました。もちろん「元カレからのプレゼントを売って換金する」という行為に対するモラルを問うネガティブな意見もありましたが、それも含め大きな話題になったのです。

コピーを書いたのは面白法人カヤックの長谷川哲士《はせがわてつじ》さん。このコピーで2015年度の東京コピーライターズクラブ（TCC）の新人賞を受賞しました。

●サムギョプサル革命を起こす1行

たとえば渋谷の道玄坂《どうげんざか》を歩いていて、こんなキャッチコピーが書かれた看板の店で足をとめたことはないでしょうか？

包まぬ豚は、ただの豚。

これは、サムギョプサル専門店「ベジデジや」のキャッチコピーです。サムギョプサルとは、豚のバラ肉を焼きサンチュなどに包んで食べる韓国料理のことです。

このキャッチコピーは、店頭の看板にも、メニューにも大きく書かれています。

こちらの元ネタは、１９９２年公開のジブリ映画『紅の豚』の主人公ポルコ・ロッソが発した名言**「飛ばねえ豚は、ただの豚だ」**です。

ひょっとしてこの元の言葉を知らない人もいるかもしれません。ただ「包まぬ豚は、ただの豚。」というフレーズ自体、③で説明した「圧縮して言い切る」という型にもなっているので、一度見れば必ず記憶に残る強い1行になっています。

「ベジデジや」は、京都に本社がある株式会社ゴリップが展開するチェーンです。

社長の勝山昭《かつやまあきら》さんは、20代前半で起業。韓国で数年間にわたり事業を展開しました。30歳目前で日本に戻り事業をはじめようとした時、思いついたのが韓国で毎日のように食べていたサムギョプサルだったといいます。韓国では「焼肉」といえば、サムギョプサルというくらいポピュラーな料理なのです。

ただし焼肉というと「牛肉」のイメージが強い日本では、「豚の焼肉」というカテゴリーで売り出してもヒットしないと考えました。

そうして勝山さんは「サムギョプサル＝何でも包んで食べる料理」という革命的な新定義を打ち出したのです。

その気持ちを1行にこめたのが、前述のキャッチコピーでした。

ベジデジやは、２００５年に京都で1号店を出店して10年。今では全国に19店舗（２０１５年5月現在）が展開されていて、台湾にも進出しています。

サムギョプサルに革命を起こした1行が、多くの人に支持されたからです。

⑤誇張をエンタメ化

一般的に大げさな誇張表現は、倫理的に考えても好ましいものではありません。

また実際に買ったり使用したりしてみて、それほどのものでないことが判明してしまうと、マイナスの影響の方が大きくなるリスクもあります。

ただし、ある程度その表現に納得ができるクオリティがある場合は、より誇張してエンターテインメントを感じるくらいの表現にしてしまうという手法があります。これがうまくハマると想像以上の効果を生み出す場合もあるのです。

●無名の少女にネットのひと言でCMオファー殺到

2013年11月3日、1枚の写真がネット上をものすごいスピードで拡散していきました。それは博多のタケさんと呼ばれるアイドルファンが写した1枚でした。福岡のローカルアイドル Rev.from DVL（レブフロムディーブイエル）のメンバーのひとり、当時中学3年生だった橋本環奈《はしもとかんな》さんがイベントで踊っているところを写したもので、のちに「奇跡の1枚」と呼ばれる写真でした。

その写真を見て「かわいすぎる」「天使すぎる」などという声が2ちゃんねるやツイッターなどで急速に拡大していきました。やがて NAVER まとめに「博多のローカルアイドルが、かわいすぎるとネットで大騒ぎ」という記事に掲載されました。そしてこの記事のタイトルの冒頭に書かれていたフレーズはとてもインパクトがありました。

それが、

千年に一人の逸材

です。

1000年前というと平安時代です。当然かなり誇張が入った表現ですが、逆にそこまでいくとエンターテインメントとして成立しています。「言い過ぎだろう」などのネガティブな意見もありましたが、実際に写真の橋本環奈さんが特別にかわいかったこともあり、それも含め大きな話題になりました。

さらにアイドルグループ「SKE48」のメンバーの松井玲奈《まついれな》さんが、自身のツイッターで「橋本環奈ちゃんが可愛すぎて生きていく気持ちが芽生えました」とツイートしたことも話題の拡散に拍車をかけました。こうしてこのまとめ記事はたった数日で50万以上のアクセスを叩《たた》き出したのです。

そして「千年に一人」というフレーズはどんどんひとり歩きしていきます。NHKの深夜のニュース番組や、民放の朝の情報番組でも、この「千年に一人」というフレーズとともに橋本さんのことが取り上げられました。

所属事務所にはＣＭのオファーが殺到したといいます。

その後、数多くのテレビＣＭに出演して、一気にお茶の間でも知名度があがっていることはご存じの通り。

奇跡の１枚とたった１行の言葉が、ひとりの少女の人生を大きく変えたのです。

●アイス業界は誇張がうまい!?

埼玉県深谷《ふかや》市に本社のある赤城乳業《あかぎにゅうぎょう》。

幅広い年代に人気のあるアイスキャンディの定番品「ガリガリ君」をはじめ、遊び心あふれる商品ラインナップで世の中を楽しませてくれる会社です。

２０１２年９月４日に発売されたガリガリ君の期間限定商品が大きな話題になり、売れすぎたため、たった３日で販売停止になってしまいました。それが「ガリガリ君リッチコーンポタージュ」です。

そのキャッチコピーは、

ガリガリ君史上、最大の挑戦！

でした。やや大げさな表現ですが、ちゃんとエンターテインメントになっています。

アイスで「コーンポタージュってどんな味？」という興味もあってバカ売れしました。

この「ガリガリ君リッチコーンポタージュ」が話題になったのを受けて、ツイッターで生活者とうまくコミュニケーションすることで話題になった会社があります。

それが、三重《みえ》県津《つ》市に本社のある食品メーカーの井村屋《いむらや》です。

井村屋は、アイスでは「あずきバー」が有名で、定番品として熱いファンが大勢います。

「ガリガリ君リッチコーンポタージュ」は、温めてコーンポタージュスープにして飲んでみたという人が、ツイッター上で続出しました。その流れで「あずきバーは温めてみたらどうなるだろう」という声がツイッター上にあがりました。

その声を見逃さなかったのが、井村屋の公式ツイッターアカウントでした。あずきバーを実際に温めてみる過程を写真つきで連続してツイートして話題になります。

その結果、広がっていった1行が以下のものです。

あずきバーを温めたら間違いなくぜんざい

もともと井村屋社内では「あずきバーを温めたらぜんざいになる」というのは常識だったそうです。ただ普通に紹介するのではおもしろくないと、実際にやってみた写真で紹介しました。

この1行は、誇張ではありませんが、あずきバーの品質をあらわすものとして大きな話題になりました。

もう1つ、アイス業界で、誇張をうまくエンタメ化した例をみておきましょう。

森永乳業の「パルム」というアイスバーは、2005年から発売され売上げを堅調にのばしています。今では、森永乳業の主力商品にまで成長しました。

中でも、2008年のテレビCMで使われたキャッチコピーは、大きなインパクトがあり、パルムのファンを広げる役割を果たしました。

それが、

おそろしくよくできたアイスバー

でした。

CMはシンガーで俳優の寺尾聰《てらおあきら》さんが登場するもの。寺尾さんがまるで子供のように一心不乱にパルムを食べるシーンのあとに、「おそろしくよくできたアイスバー」という寺尾さん自身のナレーションがはいるというものでした。

当然、「それほどでもない」とマイナスの意見も予想できる誇張表現ですが、一度食べてみようという気持ちにさせられることは確かです。

このように実際に、商品の品質にかなりの自信があるものの場合、ちょっと誇張かなと思われるくらいの強い表現でエンタメ化すると、バカ売れにつながることがあります。

⑥重要な情報を隠す

人は何かを隠されると見たくなるという習性があります。

あなたもきっと身に覚えがあるでしょう。

神話や昔話でも「見ちゃダメ」と言われたのに見てしまうことで何度も悲劇が繰り返さ

れています。

そのような人間の性質を生かして、何か重要な情報を隠すことが、売りにつながることがあります。

●本の表紙を隠して本を売る

紀伊國《きのくに》屋書店新宿本店で、2012年7月から開催されたフェアは大きな話題を呼び、置かれた文庫本はバカ売れしました。

その多くは、普段はあまり売れていないような本でした。

どうしてそんな現象が起きたのでしょう?

それはタイトルも著者も中身もわからないようにしたからです。

文庫本に作品の書き出しの文章をプリントしたオリジナルカバーをかけ、本当のタイトルや中身がわからないようにして販売したのです。

そのフェアのタイトルは、

「ほんのまくら」フェア

です。

このフェアを企画したのは当時、紀伊國屋書店新宿本店の仕入れ担当だった伊藤稔《いとうみのる》さん。ランキング上位にくるような本だけではなく、普段なら絶対買わないような本を自分の感性にそって選んでほしいという気持ちで企画したといいます。

始まる前は売れないかもという不安の方が大きく、期間中7００～8００冊くらい売れれば上出来と思って企画されたものでした。しかし、1か月で10倍近くの7０００冊を売り上げ、フェア期間も延長されました。最終的には1万8０００冊以上を売り上げたといいます。

特にフェア開始後10日くらいがたった頃、人気ブロガーの伊藤聡《いとうそう》さんがツイッターで**「本の闇鍋だ」**とツイートしたことから、口コミが一気に広がり爆発的に売れ始めました。

私もその頃に売り場を見学に行きました。店の2階のフェア棚の前には、今までその店で見たことがないほどの多くの若者が、熱心に本を選んでいるのを見て驚いた記憶があります。

中には有名な書き出しの本も交じっていましたが、ほとんどは何の本かはわかりません。

にもかかわらずバカ売れしたのです。それだけ人は隠されると中身を読みたくなるという習性をもっているのですね。

ちなみにこのフェアで圧倒的な売上げ1位を獲得したのは、

あした世界が終わる日に一緒に過ごす人がいない。


というフレーズがまくらの本でした（私がそのフェアで買った5冊のうちの1冊でもありました）。

その本はフェア開始前までは月に1～2冊程度しか売れていなかったといいます。それが情報を隠したことで、フェア期間中に何と１１００冊以上もバカ売れしました（このフェアの趣旨からあえて書名はここにかきません）。

⑦数字やランキングを使う

人間には「数字は嘘をつかない」という思い込みがあります。

何かを伝えようとする時、具体的な数字を入れると信頼性が増し、説得力も生まれます。つまり「売れる」ことにつながるのです。

商品名や店名に数字を入れることで、ヒットや繁盛につながっている事例をいくつかみていきましょう。

●有効成分を数字に置き換えることでバカ売れ味噌汁

2009年9月の発売以来、大ヒットしているインスタント味噌汁《みそしる》があります。それが永谷園《ながたにえん》の「1杯でしじみ70個分のちから」です。

商品名自体がキャッチフレーズになっています。商品発売の約2年前、永谷園はアミノ酸の一種「オルニチン」を生み出す植物性乳酸菌をキャベツの葉から偶然に発見しました。それをきっかけにオルニチン味噌汁の開発がスタートします。試行錯誤の末、1食あたりオルニチン含有量25ミリグラムの機能性味噌汁が生まれました。

オルニチンは肝臓に働くといわれているアミノ酸の一種です。ただオルニチンといわれてもピンとこない人が多いことから、わかりやすい「しじみ」に換算しました。ちょうどオルニチン含有量がしじみ汁2杯分だったということです。お椀《わん》にしじみを多めに盛ると

35個程度。「1杯でしじみ70個分のちから」という商品名は、そこに由来しています。「しじみ汁」からの連想で何となく二日酔いなどに効きそうなイメージです。販売はそこに絞って訴求することにしました。パッケージの商品面の横に書いてあるキャッチコピーも「お酒好きのお父さんに、おもいやりのみそ汁」でした。

当初はコンビニに絞って発売。バイヤーの反応はイマイチだったものの、日を追うにつれ品切れ店が続出するくらい売れました。10月中旬から1か月半は異例の販売休止とし増産に努め、供給量を3倍に増やすなどの対応をしたくらいです。

商品名の「70」という数字があるのが説得力を増しています。これが数字を使わずたとえば「しじみのちから」だけだとそこまでインパクトはなかったでしょう。

●商品名に数字を入れてバカ売れしたコンドーム

2014年9月、サガミオリジナルのブランド名で知られる相模《さがみ》ゴム工業（本社神奈川県厚木《あつぎ》市）から画期的な商品が全国発売されました。厚さが0・01ミリのコンドームです（※正確には18ミクロンで0・01ミリ台という意味。以下の数字もすべて同様）。

コンドームメーカーはここ十数年、厚さをどれだけ薄くするかで競争を繰り広げてきました。２００３年にオカモト（本社東京都文京《ぶんきよう》区）が厚さ０・０３ミリのコンドームを発売。すると２００５年にサガミオリジナルが厚さ０・０２ミリのコンドームを発売して逆転しました。

それから約10年、技術開発はすすみようやく厚さが０・０１ミリの時代になったのです。

その商品名は、

サガミオリジナル００１（ゼロゼロワン）

と厚さの数字がそのまま使われたものでした。

箱に書かれたキャッチコピーも「幸福の０・０１ミリ」とそのままの数字が使われています。

この薄さを前面に出したわかりやすい商品名とキャッチコピーは効果抜群でした。

２０１３年に都内などで限定発売されると、一気に火がつき爆発的に売れたのです。製造がおいつかず一度販売が中止になったくらいです。生産態勢を整えて２０１４年９月に全国発売されると、これまでの商品の数十倍も売れる店が続出するという大ヒット商品になりました。

一方、業界最大手のオカモトも負けていません。

2015年4月に**「オカモト　ゼロワン」**というこちらも数字を商品名に使ったコンドームを発売し対抗。この商品もかなり売れています。

ちなみにうちの近くのドラッグストアに見に行くと、両方の商品が並べて売られていて、どちらにもPOPがついていました。そのキャッチコピーは以下の通り。

「もう他は使えない！（と口コミ多数）」（ゼロゼロワン　サガミオリジナル）
「96・8％の人がもう一度使いたいと答えました」（ゼロワン　オカモト）

あなたは、どちらを使いたくなりましたか？

●製造時間を店名に入れ人気のカレーチェーン
東京の神田といえば、カレー激戦区で有名です。

そんな神田で行われる日本最大級のカレーイベントに「神田カレーグランプリ」があり

ます。２０１４年のグランプリをとったカレー店は、数字が店名に入っていました。それが「１００時間カレーB&R」です。

東京都品川《しながわ》区に本社がある株式会社ＡＲＣＳ（アークス）が展開するカレー店です。

店名はもちろん１００時間かけてつくるということに由来しています。メニューにも「１００時間カレーが出来るまで」という工程表が載っています。実際に、最高ランクの黒毛和牛と20種のスパイス、９種の野菜・果物を使用し、１００時間かけてつくっているとのことです。

１００時間という名前が何ともインパクトがあります。味はもちろん、その店名のインパクトもあり、人気店となっています。現在は3店舗ですが、今後東京を中心に店舗が増えていく予定です。

●原宿表参道パンケーキ「キャッチコピー」戦争

数字と並んでランキングや3つのワン（ナンバー１・ファースト１・オンリー１）などを使うことも売りにつながります。Ｐ１８０で解説した「社会的証明」にもつながるからです。

特に「世界一」「日本一」などナンバー1の表現はやはり効果があります（広告などで使う場合は根拠となる調査を明らかにする必要がありますが）。

もしあなたが若い女性でなくても、2015年の今、世の中でパンケーキなるものが流行っているということくらいは耳に入ってきているかもしれません。

パンケーキとは昔で言うホットケーキに近い形状のものです。諸説ありますが、ざっくり言うと、日本では昔ながらの甘い味がついているのがホットケーキ。甘くないのがパンケーキと区別されているようです。ホットケーキはおやつですが、パンケーキは食事としても食べられます（もっとも、甘いおやつでもパンケーキと呼ぶ場合もあります）。

特に東京の原宿《はらじゅく》から表参道《おもてさんどう》にかけてのエリアは、パンケーキ専門店が増え、間違いなく日本一の激戦区です。数年前まではほとんどなかったのに、ここ5年で急増したのです。

しかも多数のパンケーキ専門店があるのに、大人気で日中は行列が絶えない店も多く、驚きます。中でも海外発のお店は独自のキャッチコピーを前面に押し出して、お客さんに強くアピールしています。

この地域でパンケーキブームの火付け役は2010年にオープンした Eggs'n Things

（エッグスンシングス）です。１９７４年創業のハワイの人気店で、キャッチコピーは、All Day Breakfast（１日中朝ごはん）でした。

ブームを決定づけたのは２０１２年「bills（ビルズ）」が日本４号店を表参道に出店したことです。ビルズは１９９３年にオーストラリアのシドニーに誕生したオーガニッククレストラン。ハリウッドセレブにも愛されているお店として鳴り物入りで日本に進出しました。キャッチコピーは「世界一の朝食」。この１行はとても有名になり、日本１号店だった鎌《かま》倉七里《くらしちり》ヶ《が》浜《はま》店はオープン当初いつ前を通っても行列していました。

他にも「ハワイで一番おいしい朝食を食べられるお店」がキャッチコピーのカフェ・カイラ。「ニューヨークNO．１　キング・オブ・ブランチ」がキャッチコピーのクリントン ストリート ベイキング カンパニー。

またこのエリアには今のところ店はありませんが「ニューヨークの朝食の女王」がキャッチコピーのサラベス（代官山《だいかんやま》など）なども人気があります。

ナンバー１表示のキャッチコピーのオンパレードですね。

もしあなたがこの地区に、新しい専門店を出すとしたら、どんなキャッチコピーをつけるのがいいか考えてみるのもおもしろいかもしれません。

余談ですが、英語で「バカ売れする」「飛ぶように売れる」ことを「ホットケーキのように売れる（sell like hotcakes）」と言うそうです。英語では、パンケーキという単語の方が使われることが多いのに、なぜかこの慣用句ではホットケーキが使われます。

日本では今まさに、パンケーキはホットケーキのように売れている状態ですね。

ヨーロッパの他の言語でも「温かいパンのように売れる」「ドーナツ（ケーキ）のように売れる」という風に、パンやお菓子の比喩が使われることが多いようです。

●控えめな「世界一」で大人気のプリン

同じ世界一でもうまく控えめに表現することで人気のあるプリンがあります。

それが群馬《ぐんま》県みどり市の「玉子屋やまたか」が発売するプリン「天国のぶた」です。

そのキャッチコピーは、

たぶん世界一濃厚なプリン

です。

スペインのスイーツであるトシーノ・デ・シエロを参考にして作られたもので、直訳すると「天国のぶた」となることから名付けられた商品名だといいます。

このプリンは、楽天のプリンランキングで1位を獲得し、いろいろなメディアに取り上げられてとても売れています。

「たぶん」という控えめな表現がとても効いていますね。このキャッチコピーにひかれて一度は食べてみたいと思います。

またこの商品、1つ1つのプリンのパッケージに書かれているキャッチコピーも特徴的です。

「濃厚って罪なひびき。」
「うしろめたい味がする。」
「トラウマになる味さ。」
「天国からのおすそわけ。」
「天国に行っても思い出す味。」

いずれも印象に残る1行です。

⑧比喩でひきつける

キャッチコピーで売ろうとする時、うまくはまるとイメージがわきやすいのが「比喩」です。記憶に残りやすく、売りにもつながります。

●〇〇〇〇界のアップルで大人気

2015年2月東京の清澄白河《きよすみしらかわ》にできたコーヒーショップが大行列になったことで大きな話題になりました。

それがアメリカのオークランドに本社がある「Blue Bottle Coffee（ブルーボトルコーヒー）」です。

ブルーボトルコーヒーのCEOであるジェームス・フリーマンは、もともとクラリネット奏者でした。その道を諦めた時に、本当に美味しいコーヒーをつくろうと決心し、2002年に自宅のガレージでコーヒーづくりをスタートさせました。その後、サンフランシスコを中心に人気店となり、巨額な投資を集めたことで話題になりました。

そんなブルーボトルコーヒーが日本に紹介される時に、メディアがこぞって書き立てたのが以下のフレーズです。

コーヒー界のアップル

アップルとはもちろん、iPhone などでおなじみのアップルのことです。

この1行は、オフィシャルに使われているキャッチコピーではありません。また実はアメリカでも一般的には使われていないようです。とあるブロガーが、ある投資家の表現を日本語訳にしたものを、日本のメディアが使い出したことが始まりでした。

しかし、とてもわかりやすい比喩だったので、日本ではこの表現が一気に広まりました。

創業者がどちらも自宅ガレージから始めたことなど共通点も多いことから、多くの人に刺さる比喩だったのです。この1行のお蔭で、日本での認知度は急速に高まり、大行列に結びついたとも言えるでしょう。

余談ですが、私も同じように「○○界の××」という比喩が使われている商品を、思わず買ってしまったことがあります。

東京のカレッタ汐留《しおどめ》地下にある焼酎専門店 Sho-Chu AUTHORITY（焼酎オーソリティ）でです。この店のＰＯＰはどれも非常に印象に残ります。特に店の前に置かれている立て看板のコピーは目をひきます。そこで紹介されていたものに、「天の橋立オイルサーディン」という缶詰の入荷を知らせるものがありました。

その商品のキャッチコピーは、

缶詰界のロールスロイス

でした。

⑤の「誇張をエンタメ化」の要素もありますが、この比喩はとてもそそられますね。

実際に買って食べてみましたが、上品な味でとてもおいしかったです。

もし自信がある商品があったら、あなたも一度この比喩を試してみてはどうでしょう？

「〇〇界のポルシェ」「〇〇界のエルメス」等の応用も利きます。

⑨常識の逆を言う

人は常識とは逆のことや矛盾したことを言われると、心の中でストレス（不協和）が生じます。そしてその答えを探したくなります。

その心理を利用したコピーライティングの手法です。

●逆転の発想でヒットしたツアー

日本旅行の社員である平田《ひらた》進也《しんや》さんをご存じでしょうか？

サラリーマンなのに、約2万人いるファンクラブを持つ「ナニワのカリスマ添乗員」として、メディアにもよく出演しています。著書もすでに3冊だされています（『カリスマ添乗員が教える 人を虜《とりこ》にする極意』KADOKAWAなど）。

平田さんは年間数多くのツアーを企画していますが、その中でも人気だったツアーがあります。それが**「4時間の家出　仇討《あだう》ちツアー」**です。

ツアーなのに「家出？」「仇討ち？」と、頭の中にクエスチョンマークがいくつも沸き上がる名前です。

このツアー名のお蔭でメディアにも多数取り上げられ、人気を呼びました。

内容は、いつも夜遅くまで帰ってこない夫に対抗して、妻が「家出」「仇討ち」と称して自分たちも夜遊びを体験させてもらうという趣旨で始まった企画です。

約20人の妻たちが、大阪の北新地で、高級クラブ、高級レストラン、ニューハーフショーをはしごして飲み歩きます。

夕方早めに集合し、まずは高級クラブで乾杯。店側もまだお客さんが来る前なので、女性客の団体でも安く受け入れてくれます。そのあとは高級レストランでフルコースの食事。そしてニューハーフショーも早めの時間に楽しみます。これで1万8000円。

普通に行くと何倍かの料金になるところですが、開店直前や直後の客入りの少ない時間帯なので、店にもメリットがあり安くあげられるというわけです。

またも余談ですが、平田進也さんが主催する勉強会「大人の習学旅行2014 in 淡路《あわじ》島《しま》」で、私はゲスト講師として呼んでいただきました。講師としての参加ですが、平田さんのホスピタリティや盛り上げ方、話す言葉の1行1行にこちらの方がとても勉強になりました。熱いファンが数多くいる理由がよくわかりました。

●常識とは逆のタイトルでベストセラーに

この常識とは逆のことを言って興味を持たせるという手法は、本のタイトルでもよく使われます。

たとえば2013年に発売されミリオンセラーになった『医者に殺されない47の心得』（近藤誠《こんどうまこと》・著、アスコム）などはまさにそうですね。

普通は命を救ってくれる存在である医者。そんな「医者から殺されない」ための本を、現役の医師が書いているのですから、心の中に「不協和」が起こって興味を持ってしまいます。特にP114のD10の最初に挙げたように、健康で長生きしたい欲求は多くの人にとって一番強い欲求であるのでなおさらです。

このように常識とは逆の矛盾したタイトルやキャッチコピーは、うまくはまればバカ売れにつながります。

⑩本気でお願いする

さて今までいろいろなキャッチコピーの型をみてみました。

しかし実はどんな型よりも強力な一手があります。

それは「心の底から本気でお願いすること」です。

人は真剣にお願いされると弱いものです。知っている人の頼みはもちろんですし、知らない相手、たとえば店舗の担当者などであっても真剣なお願いなら、一度くらいは聞いてあげようとするものです。

ただし、この手法は何度も使えません。何度も使うとまたかと思われて効果はどんどん落ちますし、信用もなくします。

ここぞという勝負の時だけ使える伝家の宝刀です。

●誤発注にめげず見事に完売させた1行

2012年11月、京都市にある京都教育大学の生協で大きな事件が起きました。購買部の女性担当者が、森永乳業の焼プリンを20個発注しようとしたところ、機械の入力ミスで4000個発注してしまったのです。

近隣の京都大学など3府県5大学の売店計20店舗に引き取ってもらうとともに、自店でも204個のプリンを商品棚に陳列し、通常1個105円を70円の特別価格で販売しました。その棚に生協職員が書いたキャッチコピーが以下のようなものでした。

大変な発注ミスをしてしまいました。
心やさしい京教生の皆さまご協力お願いします。
お願い！　森永の焼プリンを買って下さい。

学生たちがその棚を写真にとり、ツイッターで広めました。するとあっという間に噂は拡散していきました。「プリン好きな人は3つ以上買ってあげて!!」などとツイートする学生もいました。その結果、204個の焼プリンはなんと展開した日の昼休みまでに完売してしまったのです。

完売した棚には、生協職員の直筆で以下のようなお礼のPOPが貼られていました。

「心やさしい京教生の皆さん２０４この森永焼プリンお昼に完売しました。ありがとう♡私たちのことを思って宣伝してくれてそして足を運んでくれてありがとうございました。嬉しくて嬉しくて。これからも皆さんに愛される生協をめざしがんばります。どうぞよろしくお願いします。」

同じような事件は、２０１４年11月北九州《きたきゅうしゅう》市立大学でも起こりました。アルバイトの職員が11月11日の「ポッキー&プリッツの日」に合わせて、江崎《えざき》グリコのポッキーやプリッツなど12種類を発注。通常よりも多めの３２０個注文するつもりが「１セット10個入り」の表示を見落としたため、誤って10倍の３２００個を発注してしまったのです。

届けられた商品をみて、生協職員たちはあおざめました。契約上、返品不可ということから売るしかないと覚悟を決め、食品売り場だけでなく食堂や書店にも商品を置いて販売しました。

食品売り場に大量に並べられたポッキー&プリッツの横に掲げられた大きなＰＯＰには以下のキャッチコピーが書いてありました。

ＨＥＬＰ！
誤ってポッキープリッツが３２００コ届いてしまいました。思っていた数のなんと10倍です。皆さんの声かけをたくさんの人によろしくお願いします。

またその下には、日々の売れた個数を表示し、「夢の完売まであと何個」ということがわかるようにしました。

すると学生たちが、積み上げられたお菓子の写真を撮ってツイッターやＬＩＮＥなどで「北九大生協　ポッキーだらけ」「私も買ったよ」などと拡散してくれました。

すると普段の１００倍のペースで売れていき、何とポッキーの日の翌日の12日には完売したのです。

どちらの例も、生協職員が崖《がけ》っぷちで本気でお願いしたからこそ、学生たちの心が動いて完売することができました。

ただ最近は、このような事件が続いたことから「誤発注商法」だと批判する声も増えてきました。真剣なお願いというのは、何度も使える手ではないということですよね。

たとえ、自分以外の誰かがしたとしてもそれは同じです。自分としてははじめてのお願いでも「またか」と思われてしまいます。

同じ類の頼みであれば、そのコミュニティで最初にお願いした人のお願いが一番聞いてもらいやすいのです。

人間の心理ってつくづく不思議ですね。

おわりに

この本を読み終えてくれたあなたに、まず謝りたいことがあります。

本文中に前作の『物を売るバカ』の話題が何度か出てくることです。

自分が読者だった場合、その著者の別の著書の話が本文中に何度も出てくることほどわずらわしく感じることはありません。「この本の中で全部説明してよ」と思うからです。

にもかかわらず、話の流れで、どうしても出さざるを得ない箇所がいくつか出てしまいました（内容の話は極力していませんが）。

わずらわしい思いをされた方は、申し訳ありません。

そんな舌の根がかわかぬうちに、またも『物を売るバカ』のエピソードを紹介してしまいます。ゴメンナサイ。

1行の言葉が持つチカラを強く実感したエピソードです。

昨年5月、明屋《はるや》書店チェーン（本社愛媛《えひめ》県松山《まつやま》市）の小島俊一《こじましゅんいち》社長から連絡がありました。「『物を売るバカ』を読みました。すべての小売業で必読書だと思います。6月に松山で実施される四国《しこく》地区店長会議に講師として来てくれませんか？」という依頼です。

小島社長とはそれまで面識がありませんでしたし、明屋書店のことも名前は知っていましたが、お店にうかがったことはありませんでした。もちろん商品を売っていただいている書店の依頼を断るわけにはいきません。即答で「うかがいます」とお返事しました。

6月18日、松山におうかがいし、店長会議で話をさせていただきました。私の話が終わった直後に、その1行が発せられました。

小島社長が立ち上がると私に向かって「うちのチェーンでこの本を1000冊売ります」と店長たちを前に宣言してくれたのです。

著者としてはかなりうれしい宣言ではありました。しかし一方で頭の中の冷静な部分では「1000冊はかなり難しいだろうな」と思っていました。当時、発売後1か月半で、チェーン全体でもせいぜい数十冊くらいしか売れていなかったのを知っていたからです。

ところが、各店長は、社長の「1行のチカラ」に感化され、各店それぞれでPOPに力強い熱のこもった1行を書き加えて販売してくれました。

そして、それから3か月半後の10月8日、とうとう実売1000冊を達成したという報告が届きました。そして翌年の今年5月には何と実売2000冊を超えたのです。

もし、小島社長が「1000冊売る」という1行を発しなかったら、それに感化されて店長たちが売ろうとしてくれなかったら、100冊程度しか売れていなかったかもしれません。

これは皆さんの会社で商品を売る時にもぜひ参考にしてほしいポイントです。

H10の「本気でお願いする」と共通することですが、要は1行に「熱をこめる」ということです。本書では、人の心を動かすいろいろな型についてお話ししてきましたが、どんなに型を真似しても「熱」がこもっていないと売りにつながることはまずありません。

逆に少々稚拙であっても、熱がこもった1行は人を動かすことがあるのです。

本書では1行でバカ売れにつながった事例を数多くみてきました。

「はじめに」にも書きましたが、バカ売れという現象は、いろいろな要素が重なって起こるものです。狙って起こせるものではありません。しかし本書で解説した5W10Hを常に考えることで、売れる確率は大幅に上がるはずです。

ただ本文中にはあえて触れませんでしたが、1つ気をつけてほしい大切なことがあります。本書の内容をちゃぶ台返しすることになりかねませんが、事実ですからお伝えしないわけにはいきません。

「バカ売れ」が必ずしも、長期的な利益に結びつくわけではないということです。

むしろ、バカ売れしてしまったことがきっかけで、いろいろなマイナスが起こってしまい会社が傾いてしまうケースも珍しくありません。

たとえば、P185で取り上げた「ビリーズブートキャンプ」の事例については、商品を取り扱った通販会社のショップジャパン代表のハリー・A・ヒルさんが自らの著書(『ロングセラーを呼ぶマーケティング』幻冬舎《げんとうしゃ》)で、「大失敗だった」と断言しています。

せっかくバカ売れしたのに、お客さんとの関係を築くことができず、あっという間にブームが終わってしまって「売りつづけること」ができなかったからです。他のロングセラー商品で何とか持ちこたえたものの、もし「ビリーズブートキャンプ」に依存していたら、会社自体が存亡の危機を迎えていただろうとも語っています。

またP172で取り上げたエイビスレンタカーの事例も示唆に富んでいます。

ナンバー2宣言で業績が大いに伸びたエイビスは、調子にのって大きな間違いをおかしてしまいました。

「エイビスはナンバー1を目指します」と強気なキャッチコピーに戦略を切り換えたのです。すると、お客さんはあっという間に離れていってしまいました。

お客さんはナンバー2だから一所懸命にがんばるというエイビスの「物語」を支持したのであって、別にナンバー1を目指してほしかったわけではないのです。

もし、あなたが何か新しい「バカ売れ事例」をつくった時には、このような事態にならないようにぜひ気をつけてください。

言葉だけで「バカ売れ」してしまったものは、やはり長く続かない場合が多いのです。きちんと売れつづける「物語」を組み立てる必要があります。

「言葉」と「物語」は物を売ることのクルマの両輪なのです。

本書が、皆さんの会社やお店で新たな「売れる1行」が生まれるヒントになれば、これにまさる喜びはありません。ホットケーキのように売れた時にはぜひ報告してください。

最後まで読んでいただきありがとうございました。

またどこかでお会いしましょう。

２０１５年7月　川上徹也

参考図書・サイト（本文内で書名を記したものは除く）

『「売る」広告』デイヴィッド・オグルヴィ（海と月社）
『ザ・コピーライティング』ジョン・ケープルズ（ダイヤモンド社）
『伝説のコピーライティング実践バイブル』ロバート・コリアー（ダイヤモンド社）
『キャッチコピー力の基本』川上徹也（日本実業出版社）
『強い「文章力」養成講座』川上徹也（ダイヤモンド社）
『広告の世界史』高桑末秀《たかくわすえひで》（日経広告研究所）
『水族館に奇跡が起きる7つのヒミツ』中村元（Collar 出版）
『社長、辞めます！』荻島央江《おぎしまひさえ》（日経BP社）
『カッパ・ブックスの時代』新海均《しんかいひとし》（河出ブックス）
『カッパ軍団をひきいて』神吉晴夫（学陽書房《がくようしょぼう》）
『レッドブルはなぜ世界で52億本も売れるのか』ヴォルフガング・ヒュアヴェーガー（日経BP社）

『小さな会社のＣＳＲ報告書』カスタネット
TEDxFukuoka 2013　ヒミ＊オカジマ
ポスターでエールを交換、あの早慶戦ポスターはこうして生まれた　アドタイ
日本弁理士会近畿支部　ちざい げんき きんき　事例紹介「近大マグロ」
「インタラクティブもストーリーで動かそう」（ビデオリサーチインタラクティブ）連載　川上徹也
ヒストリーチャンネル　AMERICAN EATS「液体調味料」
ＴＶコマーシャルで大切なもの　創造と環境　西尾《にしお》忠久《ただひさ》
なぜ売れる「茅乃舎だし」　老舗醤油蔵、躍進の理由　井上理《いのうえおさむ》　日経ビジネスオンライン
ブラックサンダーが義理チョコ市場で高評価の理由　ダイヤモンドオンライン
Insight × Inside「亜米利加荘の奇妙な住人たち　主婦向け広告に大異変！」ステラ・リー
オーラブラシ開業ストーリー　YouTube
「舌ブラシ」の成功でわかる「YouTube　広告の威力」JOSEPH FLAHERTY　翻訳ガリレオ－向井《むかい》朋《とも》子《こ》／合原弘子《ごうはらひろこ》
筑摩書房ウェブサイト　外山滋比古『思考の整理学』（ちくま文庫）21年目のブレイクの謎

オリコンBiZ online　タイトル伏せて売上10倍　2012年　9月10日
感じて買うから愛着がわく――紀伊國屋書店「ほんのまくらフェア」仕掛け人と一問一答
ドリームゲート　韓国料理を新発想でイノベート！　全国22店舗展開まで成長した理由とは
〝おそろしくよくできた〟アイスバー「PARM」人気の秘密　マイナビニュース
井村屋のTwitter公式アカウントさんに聞いた　マイナビニュース
「1杯でしじみ70個分のちから」ヒットを生み出した「戸惑い」池原照雄「WEDGE」2010年2月号
日経トレンディ　2015年　7月号
近代食堂　2014年　7月号

その他、各企業のウェブサイト、新聞記事などを参考にさせていただきました。感謝いたします。

川上徹也（かわかみ・てつや）
コピーライター。湘南ストーリーブランディング研究所代表。大阪大学卒業後、大手広告代理店に入社。営業局、クリエイティブ局を経て独立。これまでに50社以上の企業の広告制作に携わる。東京コピーライターズクラブ（TCC）新人賞、フジサンケイグループ広告大賞制作者賞、広告電通賞、ACC賞など受賞歴は15回以上。「物語」の持つ力をマーケティングに取り入れた「ストーリーブランディング」という言葉を生み出した第一人者としても知られる。著書は『物を売るバカ』（角川新書）、『キャッチコピー力の基本』（日本実業出版社）等多数。

1行《ぎょう》バカ売《う》れ

川上《かわかみ》徹也《てつや》

2015年 8月10日　初版発行
2024年12月 5日　8版発行

◆◇◇

発行者　山下直久
発　行　株式会社KADOKAWA
〒102-8177　東京都千代田区富士見2-13-3
電話　0570-002-301（ナビダイヤル）

装丁者　緒方修一（ラーフイン・ワークショップ）
ロゴデザイン　good design company
オビデザイン　Zapp!　白金正之
印刷所　株式会社KADOKAWA
製本所　株式会社KADOKAWA

角川新書

ISBN978-4-04-102752-3 C0295